Peau noire, masques blancs

黑皮肤，白面具

[法] 弗朗兹·法农 著

胡燕 姚峰 译

东方出版中心

图书在版编目（CIP）数据

黑皮肤，白面具 /（法）弗朗兹 · 法农著；姚峰，胡燕译. — 上海：东方出版中心，2022.4
ISBN 978-7-5473-1972-7

Ⅰ. ①黑… Ⅱ. ①弗… ②姚… ③胡… Ⅲ. ①民族心理学-研究-法国 Ⅳ. ①C955.565.1

中国版本图书馆CIP数据核字（2022）第036106号

黑皮肤，白面具

著　　者　[法]弗朗兹 · 法农
译　　者　胡　燕　姚　峰
责任编辑　陈哲泓　时方圆

出版发行　东方出版中心
地　　址　上海市仙霞路345号
邮政编码　200336
电　　话　021-62417400
印 刷 者　上海万卷印刷股份有限公司

开　　本　890mm × 1240mm　1/32
印　　张　8.25
字　　数　147千字
版　　次　2022年5月第1版
印　　次　2022年5月第1次印刷
定　　价　48.00元

目录

中译序

弗朗兹·法农（Frantz Omar Fanon，1925—1961），一个出生于法属西印度群岛马提尼克岛上富裕中产阶级家庭的黑白混血儿，接受了白人的教育，操一口腔调纯正的法语，青少年时代曾有着单纯的殖民宗主国认同。这样一个法农，正是自己笔下描述的“想要变成白人”的有色人。还存在一个精神分析家与社会革命家法农，一个认清自己及其黑人同胞作为白人世界里的他者，努力为处于自身世界的黑人打开一道意识之门，去承认自己的他者地位，也去建构白人的他者性的、精神上与肉体上的斗士。这是读完《黑皮肤，白面具》，感受法农以其自身黑皮肤的经验、精神分析知识与理论，以及深切的种族、民族忧患意识，深入殖民主义的双重主体——被殖民者与殖民者——的身体与心灵基底进行探索后，可能获得的极具冲击性的印象。

《黑皮肤，白面具》最早于 1952 年在法国出版。此时的法农，经历过二战期间由德国扶持的维希政府的高压统治，参加过法国自由军团——“第五部队”（Le bataillon V），在摩洛哥与阿尔及利亚服过役，复员后通过了高中会考，于里昂学医时选择了精神医学专业，并参加过反殖民主义运动。在这些经历中，他体验到了无所不在的种族歧视，开始对黑人受奴役的状态产生怀疑。长达数百年的奴隶贸易、殖民掠夺、种族歧视与奴化教育，对黑人的肉体存在与心理结构已造成破坏性影响，黑人已被种族主义与殖民主义的机制异化，黑人的自我意识迷失于对白人性的认同中。这种反思凝结在法农对黑人知识分子心理与欲望的探究中。

法农依据对于安的列斯人的观察，在书中描述了以下现象：黑人想要变成白人，因为白人比黑人优越。受到良好教育的黑人努力练习发音，力图说一口纯正的法语，因为掌握殖民者语言的纯正程度与他们变白的程度成正比；黑人女性非白人不嫁，因为白人代表美貌与美德；黑人男性的性欲望只针对白人女性，因为只有通过白人女性才能让他变成白人，获得白人女性的爱则证明，他达到了白人世界与白人文化的标准。因此，黑肤色与缺陷等同，肤色于是决定了等级。在这种心理结构中，黑人因为肤色的缺陷变得自卑，患上了神经官能症，其症状恰是以上所提及的，并包括以下种种：黑人由于自卑，于是努力证明自己拥有与白人相同的智慧，这种价值的实现途径只有一条，即白人他者的认可；有条件接受教育的黑人，幼年独自在白人学校接受教育的经历，事实上相当于遭受了一次被母亲抛弃的心理历程，因此为了避免被抛弃，他决定不去爱——这是被法农称为遗弃型神经官能症的神经质——不去爱的对象，不是别人，恰恰是自己的黑人同胞；而想同白人女子睡觉的黑人，总带有一种病态的一雪前耻的强烈愿望——曾经的耻辱便是：黑奴若与白人女子性交要被处以极刑。这些被表皮化的神经质一概以自我否定为表征。事实上，黑人对自己黑色皮肤的意识，已经是一种自我否定的活动。这些想成为白人的黑人，不惜一切代价寻求白人的认可，结果丢失了黑人的种族自我意识，他们没有内在的价值，总是依赖白人他者的存在，而自身的存在只是为实现白人的存在。

在另一个殖民主体——白人——的心理方面，存在同样异化的事实。他们的神经质症状最典型地表现为：无端地把事实上属于弱势群体的黑人假想成性侵略者；黑人成了引发白人恐惧的对象，而恐惧常常与厌恶、痛恨并行。因为对于白人而言，黑人除了代表原始状态下的性本能，还代表邪恶与罪恶。白人应对这种恐惧的办法，是采用私刑（在对黑人实施奴役的漫长过程中，私刑屡见不鲜）对黑人施以报复，或是利用便利手段——如重新包装过的民间故事、歪曲抹黑黑人形象的各类图文、影视叙事——使黑人心理产生自卑，或成为被阉割者。当接受了白人教育的黑人有能力讲一口纯正的法语时，白人开始产生警惕与危机感，于是他们要么屈尊俯就使用皮钦语与黑人交流，要么有意无意地强调纯正法语与黑人本质之间的差别，其目的却是将种族间的分离强加于黑人。白人与世界之间是一种占有与征服的关系，当黑人意识到种族主义的压迫，继而奋起反抗时，其逃脱束缚的欲望与企图成为白人的痛苦与失落，在与黑人漫长的接触历史中，白人想要的始终是，不择手段将黑人固定在他者的位置上，让其永远作为白人世界里的次要存在。

当黑人因自卑、白人因恐惧而生仇恨时，必定会出现两个相互敌对的阵营。在以对立为基本结构的殖民语境中，殖民者自诩为一切正面价值的载体，在其单方面宣告的文化统治中，种族歧视是一个制度问题，这个制度赖以建立的基础，是一个特定种族被另一个种族剥削，人类的一个特定分支被一种假定优越的文明所蔑视。“种族主义并非偶发事件，亦非肆意妄为，而是一种宰制的文化体系。”①

当然，法农并未止步于揭露这种对立关系。在其自称为由于多种缘由而具有重要意义的第五章《黑人的过往经验》中，法农描述了一类能够面对自己种族的黑人——如法农本人、桑戈尔（Léopold Senghor）与塞泽尔（Aimé

① 弗朗兹·法农：《大地上的受苦者》，杨碧川译，台北：心灵工坊文化，2009年，第25页。

Césaire）等。与“想要变成白人”而失去黑人自我的那一类黑人不同，他们被黑人种族意识驱使着去发现身为黑人的意义，并意识到白人他者不愿意认可自己，于是决定让自己为人所知。他们坦然地承认自己是奴隶的后代，企图去发现自己种族的文明和本质。尽管这个过程并不顺畅——他们被白人告知，应该待在黑人的界限之内，因为白人的科学家、研究者和历史编撰者已经对黑人作出了探索、说明以及利用；试图创造意义的黑人发现，意义已然在等着他们，他们的黑人性作为辩证法中的小项[①]已被白人所定义；黑人性诗人们对黑肤色之美的极度赞美，及其对黑人非理性的本质主义的辩护，极易掉入具有自恋倾向的黑人性之中，而被质疑是抄袭了白人的封闭的对立结构——但法农告诉我们，这种求索依然是黑人进行斗争、获取自由的必经之路。在本书中那些义愤填膺的文字里，法农奋力追寻的目标，一是要揭示以下重要事实：是种族主义造成了黑人的自卑感，这种自卑情结，是殖民主义的经济掠夺与黑人自卑感的内化（或曰自卑的表皮化）的双重运动的结果；二是呼吁黑人在这两个层面发起抗争——未受教育的黑人在种植园里和工地上起来战斗，受过教育

① 参见萨特的证明：“黑人性是作为辩证过程中的小项出现的：在理论和实践上主张白人至上是其正题；黑人性作为一种对立价值的立场，是否定性的契机。”Frantz Fanon, *Black Skin White Masks*, Charles Lam Markmann, trans., London: Pluto Press, 2008, p. 101.

的黑人在文化、精神领域进行战斗；三是要在黑人与白人世界之间建立连接，打破白人封闭在白人性之中、黑人封闭在黑人性之中的双重自恋的情势，达成双向的开放，以实现黑人的去异化。黑人既要承认过去被奴役的事实，又不应束缚在为过去复仇的偏执中，而应以人的姿态面对当下和未来，超越种族与历史仇恨去争取自由与平等。于黑人而言，这是一种承认自身他者身份并将白人他者客体化的努力；于白人而言，从未有哪个黑人如法农那般，以如此的敏感与睿智，洞察出在黑人种族心理层面运作的白面具，也从未有哪个黑人如法农那般，以如此的担当，以一个观察者的主体身份，将白人转化为客体，深入其心理，揭露白人种族面对黑人他者的紧张、焦虑，以及面对黑人斗争的失落。

法农说，《黑皮肤，白面具》的“架构根植于当下这一时代”①，但这本书不单单是一个历史片段。书中虽然并没有作历史化的努力，没有作历史背景的广泛关联，但正如法农所言，“在理想状况下，当下总是有助于未来的构筑”②。他所见证的黑人与白人的关系，远未实现黑格尔辩证模式下的主/奴斗争的互动关系——一种人与人之间的绝对的相互作用：人只有将自己的存在强加于另外一人，

---

① Frantz Fanon, *Black Skin White Masks*, Charles Lam Markmann, trans., London: Pluto Press, 2008, p. 5.

② *Ibid*.

以得到另外一人的认可时，他才为人；人自身的价值和现实所依赖的，正是那另一个存在以及被另一个存在所认可；而后在双方互相承认中承认自己；人的生命意义就凝结在另一个存在中。[①] 黑人最终要实现的，正是这样一种与曾经的主子——白人之间的绝对的相互作用；黑人所期望的是做个人，是通过自己的斗争，获得同样作为人的白人的认可。尽管法农表示，书中的精神分析案例及其批评结论仅限于安的列斯人，但是，如果我们对被殖民的有色人稍有了解，便会同意，黑人想要变成白人的异化心理是普遍存在的；受制于结构性压迫的黑人所进行的积极斗争也是普遍存在的。正是在为着人的主体性而奋斗的意义上，这部论著超出了作品所书写的历史时代与种族分歧的局限。

在 20 世纪 60 年代的文化动荡中，相较于法农后期更为激进的作品，《黑皮肤，白面具》的重要意义并未凸显。自 20 世纪 80 年代末、90 年代初开始，随着法农在后殖民理论中的位置日益突出，其在精神病理学与心理学上的见解，成为后殖民理论建构的重要参照，其对殖民主义双重主体的剖析以及对殖民者客体化的努力，成为后殖民理论家用以解构殖民霸权的、反话语建构的重要理论资源。直

① Frantz Fanon, *Black Skin White Masks*, Charles Lam Markmann, trans., London: Pluto Press, 2008, pp. 168 - 169.

至今日，对于曾经经历过殖民主义的民族与国家，当西方的话语霸权仍在产生影响之时，法农的文字与思想，无疑仍旧是帮助探路的明灯。

翻译非易事，一种语言转换为另一种语言，难免出现意义与情感表达上的信息缺失。鉴于译者的知识结构与能力所限，如出现以上失误，恳请读者谅解与指正。

胡　燕

2021 年 11 月 16 日

前　言

> 我现在谈的是数百万人，他们被人巧妙地注入了恐惧的情感、自卑的情结、忧惧的情绪、卑屈的奴性、绝望的心理与低下的身份。
>
> ——艾梅·塞泽尔（Aimé Césaire），《论殖民主义》（*Discours sur le Colonialisme*）

爆发不会发生在今天。这太早……又或是太迟。

我要说的，不是绝对的真理。

我的觉悟也未受到终极光芒的启示。

但是，我仍然很冷静地认为，有些事情如果说出来，是有好处的。

这些事情，我要说出来，而不是喊出来。因为许久以前我就不再呐喊着生活了。

很久很久了……

为什么要写这本书？没有人让我去写。

尤其是这本书针对的那些人。

为什么要写，嗯？好吧，我平静地回答说，这世上有太多的白痴。既然这么说了，我就要负责给出证明。

向着新的人道主义……

人与人之间的理解……

我们的有色人兄弟……

人类，我相信你……

种族歧视……

去理解，去爱……

数十、数百页文字从四面八方向我袭来，要将它们的意志强加于我。其实一句话就够了。只要给出一个答案，种族问题就无足轻重了。

人想要什么？

黑人想要什么？

冒着激怒有色人兄弟的风险，我要说，黑人不是人。

有一个不毛之地，一个极度贫瘠干旱的地方，一个被剥夺了一切基本要素的斜坡，一场真正的突变可能就要在这里发生。大多数情况下，黑人降生在这个糟糕透顶的人间地狱，并没有任何好处。

人不仅仅可能重新夺回失去之物，或者说成为一种否定的存在。即便意识的确是一个超验的过程，我们也要看到，这种超验思维被爱与理解的问题所萦绕着。人也是一种肯定的存在，与宇宙共响着和谐之音。无奈地远离故土，被纠缠追索，倍感困惑，注定要看着自己得出的真理逐一瓦解。他不能再将与己共存的矛盾投射在这个世界上。

所有黑人其实是一个黑人；也就是，由于一系列畸变情感的影响，他已经扎根于自己必须挣脱的世界的中心。

这个问题十分重要。我的建议是：有色人要自我解放。我们的解放进程会很缓慢，因为存在着两个阵营：白人和黑人。

我们将执着地探究这两种形而上的存在，接着会发现二者的关系是很不稳定的。

对于前总督、前传教士们，我们也将毫不同情。对我们而言，对黑人示好的家伙同厌恶黑人者一样“病态”。

相反，若是黑人要变成白人，那就同宣扬仇恨白人的黑人一样可悲。

黑人绝不会比捷克人更讨人喜爱。而真正该做的，是给人自由。

这本书本应在 3 年前写完……但那时，一些事实在我心中，炙热如火。现在，我可以将它们倾吐出来，而不被灼伤。这些事情不必扔到人们脸上，强迫他们去听，我不想用它们点燃狂热的激情。因为，我并不相信激情。

每当狂热出现在什么地方，就带来战火、饥荒和苦难……以及对人的蔑视。

狂热是无能之辈选择的武器。

有些人把铁烧热，是为了趁热打铁。我们更愿意烧热人的身体、激发人们体内的激情之后再离开。我们最终会得到这样一个结果：人类通过自燃，可以保持火焰的存在。

人解除他人的阻滞，深入自己的肉体以探寻意义。

只有少数阅读本书的人，才能理解写作中遇到的问题。

在一个怀疑主义根深蒂固的时代里，当再也不可能在一帮“卑鄙小人”① 的话语里发现“无意义”的意义时，要深入到二者范畴尚未被区分的层次上进行探讨，就变得更为艰难。

黑人想成为白人。白人拼命苦干就为获得人的等级地位。

在本书中，我们会看到，人们为理解黑人和白人的关系而做出努力的进程。

白人封闭在其白人性之中。

黑人封闭在其黑人性之中。

我们将力图探知这种双重自恋的方向及其发生的动机。

推论伊始就直接阐述我们将读到的结论，这似乎不合适。

要注意消除恶性循环，这是我在论述中遵循的唯一

---

①［译注］原文为“salauds”，依据萨特的定义，该词指的是拒绝为自己的行为承担责任的小人，他们不守信用，自欺欺人，否定人类的自由，对自己和他人不负责任。

准则。

存在着一个事实：白人认为自己比黑人更优越。

还存在着另一个事实：黑人不惜一切代价，要向白人证明，他们的思想很丰富，智力与白人不相上下。

我们该如何自我解脱呢？

刚才我谈到了自恋。的确，我认为，只有对黑人问题作出精神分析层面的阐释，才能揭示导致复杂结构的情感异常。我要彻底分解这病态的躯体。我认为，个人应倾向于接受人类状况固有的普遍性。此时，我公平地想到了戈比诺（Gobineau）那样的男人，或马伊奥特·卡佩西亚（Mayotte Capécia）那样的女人。但是，要作出这个判断，就必须消除童年时期遗留的所有缺陷。

尼采说，人的不幸，在于他们曾经是孩子。然而，我们不能忘记，如夏尔·奥迪埃（Charles Odier）已向我们证明的：神经病患者的命运，始终掌握在他们自己手中。

不论以下这个结论对我而言多么难以接受，我必须声明：对于黑人而言，只有一种命运，那就是变成白人。

开始讨论实例之前，我必须说明一些事情。我所做的分析是心理学意义上的。尽管如此，我仍然认为，要有效地对黑人去异化，显然需要坦白承认社会和经济现实。如果存在着自卑情结，那也是一个双重过程导致的结果：

首先是经济上的；

其次是自卑的内化——或是不如说，自卑的表皮化。

弗洛伊德在反对19世纪末的建构主义倾向时坚持认为，个人因素应当通过精神分析加以考量。他用个体发生观点替代了种系发生论。人们会看到，黑人的异化，并非个体问题。除了种系发生和个体发生，还有社会发生。比方说，依循勒孔特（Leconte）和达梅（Damey）[①] 的观点，在某种程度上，这是一个涉及社会诊断的问题。

那么社会诊断的预后[②]如何呢？

不过，与生物—化学过程不同，社会无法回避人的影响。是人，使社会得以产生。预后掌控在那些愿意摆脱遭虫豸咬噬的结构基底的人手里。

黑人必须在这两个层面上发起斗争，这是因为从历史角度看，这两个层面相互影响，任一单方面的解脱都是不完整的。而最严重的误解，是相信他们会自动地相互依存。此外，这种系统性倾向也与事实相悖。这一点将得到证明。

这一次，现实需要获得全面理解。不论是在主观，还是客观层面，必须提供一个解决方案。

用“这都是我的错”这样的自责语气来宣称救赎灵魂的重要性，是不足挂齿的。

事物只有在最唯物主义的意义上，回归其原本的位

---

① M. Leconte et A. Damey, *Essai critique des nosographies psychiatriques actuelles*.

② ［译注］“预后”作为一个医学术语，是指对于某种疾病发展过程和后果的预测。本书中探讨的疾病则指黑人异化的心理疾病。

置，才能实现真正的去异化。

以说明方法论观点的方式来介绍一本心理学著述，是一种很好的形式。我不会那么称职地遵循这种形式，而是要把研究方法的问题留给植物学家和数学家。在某一个点上，方法也会自行消失。

我想从这里开始。我将试着探寻黑人接触白人文明时所采取的不同态度。

在这里，我脑中想着的，并不是“丛林野人”。因为对于黑人而言，某些因素尚未显示其重要性。

我相信，白人种族和黑人种族并存的事实，已经造成了严重的心理存在主义情结。我希望通过分析将其摧毁。

许多黑人不会再出现在后文中。

白人也是如此。

对于精神分裂症患者或是性无能者所处的世界，我感觉自己是个外人。但这丝毫不会削弱他们的现实存在。

我将要描述的态度是真实存在的。我曾无数次遭遇过这些态度。

在学生那里，在工人当中，在皮加勒区和马赛的皮条客身上，我能识别出同样的攻击性与消极性。

这本书是临床研究。我想，那些在书中辨识出自己的人，将会向前迈进一步。我由衷地希望能够劝导我的兄弟，无论他是黑人还是白人，倾其全力撕下那件用数个世纪缺乏的理解力拼接而成的、可耻的仆从制服。

这本书的架构根植于当下这一时代。人类的一切问题必须从时间的角度来考虑。在理想状况下，当下总是有助于未来的构筑。

这个未来不是宇宙的未来，而是我所处的这个世纪、我的国家、我自身存在的未来。我并不打算以任何方式着手筹划将来的世界。我实实在在地就属于我的时代。

我活着，是为了自己的时代。未来应当是一栋由活着的人支撑起来的宏伟大厦。这栋大厦与现在相连。我认为，在某种程度上，现在是要被超越的。

本书前三章关注现代黑人。我谈论当今的黑人，并试着证实他们在白人世界中的态度。最后两章则尝试从精神病理学和哲学的角度，对黑人的存在状态作出解释。

这种分析首先是逆向的。

第四、五章的论述则倚赖完全不同的基础。

在第四章中，我将审视一部在这我看来很危险的作品[①]。而且，作者欧·马诺尼（O. Mannoni）也意识到自己的立场是暧昧的。这可能是他的一个优点。他试图解释一种情形，但我们有权表示不满。向作者表明我们与其意见相左，这也是我们的职责所在。

第五章标题为《黑人的过往经验》，出于多重缘由，这是十分重要的一章。它描绘的是面对自己种族的黑人。

---

① O. Mannoni，*Psychologie de la colonisation* (Paris，Ed. du Seuil，1950).

人们会发现，这一章里的黑人与想同白人女子睡觉的黑人没什么共性。在后者身上明显有着想成为白人的欲望。总之，有种一雪前耻的强烈愿望。在这里却相反，我们看到，一个黑人被驱使着，不顾一切，拼命去发现身为黑人的意义。白人文明和欧洲文化迫使黑人的存在轨迹发生偏离。我会在其他地方证明：那些通常所谓的黑人精神，其实是白人人为的产物。

受过教育的黑人——宇宙与自然的黑人神话之奴，在某个特定阶段感觉到，他的同种同胞不再理解他。

或者，他不再理解自己的种族。

然后，他自己感到庆幸。他放大了这种差异、不理解与不一致，在其中寻找自己真正人性的意义。或者在更不常见的情况下，他想要归属于自己的民族。于是，他口吐怒火，心生放纵，把自己埋葬于巨大的黑色深渊之中。我们将看到，这种态度是如此英勇决绝，它以神秘的过去为名，抛弃现在与未来。

因为我出生在安的列斯群岛，我的评论和结论只对安的列斯人有效——至少就在其故土的黑人而言是这样。要解释安的列斯黑人和非洲黑人之间的区别，可能必须另行著书专论。或许将来有一天，我会写这么一本书。或许，这也不再是必要的——而我们只会为此感到庆幸。

第一章

黑人与语言

我认为语言现象具有根本层面的重要性。这就是为什么我认为有必要从这个议题开始讲起。语言将为我们提供有色人理解他者的一大要素。因为，言说绝对是为了他者而存在，这是不言而喻的。

黑人有两个维度：一个维度上与自己的同胞关联，另一个与白人关联。黑人在面对另一个黑人时的行为举止，与他面对白人时是不同的。毋庸置疑，这样的自身分裂，是殖民主义征服的直接产物……没人会想质疑以下这一点：殖民主义的大动脉从各式理论的中心获取给养，这些理论试图证明，黑人是猴子向人进化的缓慢过程中的一个阶段。这里有证明事实的客观依据。

但是，当人们对此状况有所认知和理解后，他们又认为这个任务已经完成了。那么，人们又怎么能够对历史上各阶段流传下来的那个声音充耳不闻："问题不在于认识世界，而是去改变它。"

这，在我们的一生中都至关紧要。

言说，意味着能够使用某种句法和掌握某种语言的词法，但它尤其意味着，去展现一种文化，支撑一个文明的重量。这种情况不是单向的，因此对它的表述应当反映事实。在这里需要读者承认一些观点。尽管这些观点似乎一开始是不可接受的，但其正确性会在事实中得到检测与衡量。

我们在本章中所面临的问题是：安的列斯群岛的黑人变得更白——即他们更接近成为真正的人——这种变白的程度，与他们精通法语的程度成正比。我也察觉到，这是人类面对存在的一种态度。掌握一种语言的人，因此拥有了那门语言所表达和暗示的世界。我们现在要讨论的议题就清晰了：掌握语言，能给予人非凡的力量。保尔·瓦雷里（Paul Valéry）很明白这个道理，所以他称语言为

“迷失于肉欲的神”[①]。

我打算在预备动笔的一本书里研究这一现象。[②] 眼前我想说明的是：为什么安的列斯群岛的黑人，无论是谁，总是要面对语言问题。此外，我将扩大这一描述领域，以安的列斯群岛的黑人为例，涵盖所有被殖民者。

每个被殖民的民族——换言之，每一个因其本土文化

---

① Paul Valéry, *Charmes* (Paris, Gallimard, 1952).

② *Le langage et l'agressivité.*

独创性的死亡和埋藏，而在其灵魂中产生自卑情结的民族——都会发现自己面对的是文明国家的语言，即宗主国的文化。被殖民者越接受宗主国的文化标准，就越超出其原始的丛林地位。断绝与黑皮肤和丛林的关系，他将变得更“白”。在法国殖民军队，特别是在塞内加尔军团里，黑人军官首先是口译员。他们的任务是把上司的命令传达给同胞，自己从而也享受一定的荣誉地位。

存在着城市，也就存在着乡村；既然有首都，也就有外省。在宗主国，也明显存在同样的问题。以一个身处巴黎的里昂人为例：他吹嘘着自己城市的宁静，罗讷河码头醉人的美景，梧桐树的壮丽，以及那些令闲游者醉心的所有其他事物。但当他从巴黎返回再见到你时，尤其是当你不了解这个首都时，他就会喋喋不休，对其大加赞美：光之城巴黎、塞纳河、小花园餐厅，一朝识巴黎，死亦无遗憾……

在马提尼克人这里，过程又重复了。先是在他的岛上：巴斯潘特、马里戈特、格罗莫讷以及雄伟庄严的法兰西堡。然后最重要的一点，在他的岛屿之外，那些去过宗主国的黑人被尊为半神。就此而言，我要谈论的一个事实，必定令我的同胞印象深刻：他们当中许多人，在宗主国法国待了长短不等的时日，再回故土后，被人们奉若神明。那些从未离开过洞穴小屋的土著——bitaco——怀揣最意味深长的矛盾心态对待他们。在法国待过一段时日再返回的那些黑人彻底变了。用遗传学术语来说，他的表现型经历了完全的、彻底的突变。[①] 人们甚至在他去往宗主国之前，就可以从他神气十足的举止中看出，他的行动已被注入了新力量。遇到朋友或熟人时，他打招呼的方式不再是挥动手臂：我们这位“新新人类”，带着矜持的派头，微微躬身问候。他那惯常的沙哑嗓音，暗示着一种如沙沙风声般温和的暗涌心潮。因为这个黑人知道，在法国那边，一旦他到达勒阿弗尔或马赛的码头，一种刻板印象将会牢牢地将他攫住：“俄（我）来致（自）马提尼克岛，这是俄（我）第一吡（次）来到法国。”他知道，诗人们所用的“神圣的窃语”（roucoulement divin，克里奥尔语）只是黑人皮钦语和法语的杂烩与折中。安的列斯群岛上的中产阶级，从不说克里奥尔语，除非是对着仆人说话。在学校里，马提尼克的孩子们被教导要鄙视方言。人们拒绝“克里奥尔主义”。一些家庭甚至彻底禁止使用克里奥尔语，母亲会因为孩子们说了这种语言而批评、责备他们。

我的母亲想要儿子谨记
如果你不去上历史课
就不要穿着好衣服
去星期日的弥撒

① 我的意思是，回到原初环境的黑人给人这样一种印象：他们完成了一个学习周期，在自己身上添补了一些欠缺的东西。回归时，他们真正地完善了自我。

这孩子会是家庭的耻辱

这孩子会是我们的诅咒

住嘴，我告诉过你必须说法语

法国的法语

法国人的法语

最最标准的法语。①

是的，我必须格外注意我的言语，因为人们或多或少会据此对我做出评判。他们会用极其蔑视的口吻说我："他甚至不知道该怎么说法语。"

在安的列斯群岛的任何一群年轻人当中，那个自我表达得体、语法熟练的人，总让人非常害怕；应当对他多加小心，这样的人几乎被视为白人。在法国，人们说"他说话就好像在照本宣科"；而在马提尼克岛，人们会说"他说话像个白人"。

到了法国的马提尼克岛人，要避免说话时字母"r"不发音的习惯。他必须意识到这一点，并真正克服它。他不仅要练习用小舌发出"r"音，还要学会润饰这个音。暗中观察别人的细微反应，审视自己的发音，怀疑自己的舌头——这个怠惰的器官。他会把自己锁在房间里，朗读数个小时——拼命想学好措辞发音。

① Léon-G. Damas, "Hoquet", *Pigments*, sur Léopold S. -Senghor, ed. , *Anthologie de la nouvetie poésie nègre et malgache* (Paris, Presses Universitaires de France, 1948), pp. 15 - 17.

最近，一个熟人给我们讲了个故事。一个马提尼克岛黑人到达勒阿弗尔，走进一家酒吧，十分自信地吆喝道："服务员（儿），雷（来）杯啤酒（儿）!"真是中毒不浅。他不想掉进黑人不会发"r"音的窠臼里，他努力习得"r"在许多词中的发音，但在言语中搭配得却是相当糟糕。

存在着一种心理现象：人们相信，边界打破到什么程度，世界将开放到什么程度。囚禁在家乡小岛上的黑人，迷失于毫无出路的氛围之中，他们感受到欧洲的魅力，就像呼吸着纯净的空气。必须承认，艾梅·塞泽尔在他的《返乡笔记》（*Cahier d'un retour au pays natal*）中是坦诚的。法兰西堡这座城市，确实很单调、很呆滞。他赤身裸体平躺在阳光下写道，"这座萧条的、杂乱延伸的城市，绊倒在自己的常识上，被无尽重复的十字架压得气喘吁吁，对着命运兀自恼火，无声无息，四面受阻，无法享用土壤的汁液给养，被阻塞、被隔断、被封闭，断绝了与动物、植物的联系"①。

塞泽尔对这座城市的描述毫无诗意可言。所以，当听说自己就要去往法国（很像口语中说的，某人要"开始新生活"）时，这个黑人兴高采烈，决意改变，这也是可以理解的。然而，这里没有主位模式，他的思想结构的变

---

① Aimé Césaire, *Cahier d'un retour au pays natal*, (Paris, Présence Africaine, 1956), p. 30.

化，独立于所有思想的反射过程。在美国，有一个由皮尔斯（Pearce）和威廉姆森（Williamson）负责的佩卡姆中心（Centre de Peckam），其研究者们已证明：在已婚夫妇中，伴侣身上会产生生物—化学性质的变化。他们似乎还发现：妻子怀孕时，丈夫体内会产生某些激素。对抵达法国的黑人的体液变化加以研究，同样很有意思——许多课题都在开展这种研究，或者仅仅通过测试他们离乡前，以及抵达法国一个月后的心理。

公认的所谓的人文科学，有其特有的剧本。那么，人们是否应该假定，人的实存具有一种样态，并且只通过偏离此样态的方式，来描述此类人的心理模式？难道人们不应该坚持不懈地对人做出具体的、常新的理解吗？

我们在阅读中看到，男人 29 岁后就失去爱的能力，必须到 49 岁方可恢复情感能力，此时我们感觉，脚底的大地塌陷了。重新获得平衡的唯一方法，是直面整个问题，因为，所有的这些发现，所有的这些探寻，只朝着一个方向：让他承认，自己毫无价值，彻头彻尾的一无是处——让他承认，他必须停止自恋，而为了想象自己不同于其他“动物”，他恰恰依赖这种自恋。

这无异于人类的屈从。

对此进行反思后，我用双手握住我的自恋，不理会那些把人变成纯粹机械的人的恶劣行为。如果不能在哲学层面——即人的实存的基本需求层面上——展开讨论，我愿意在精神分析层面做文章，即从“故障”层面来讨论，就像人们谈论坏掉的引擎。

那些到达法国的黑人变了，因为这个国家对他而言是神圣的；他改变，不只是因为他从法国的孟德斯鸠、卢梭、伏尔泰那里汲取知识，还因为法国让他结识了他的医生、他的部门主管、无数小公职人员——从服役15年的军士长到出生在帕尼西耶尔的警官。神奇的穹顶在远方，下星期将要奔赴法国的那个人，在自己的周身创造了一个魔力圈，满口讲着巴黎、马赛、索邦大学、皮加勒，仿佛那些就是通往穹顶的钥匙。他前往码头，随着航船的轮廓渐渐清晰，他对自我存在的断离感也开始消逝。他从那些送行者的眼中看出，自己已经发生了突变，越发强大起来。“再见了，大手帕；再见了，草帽……”

现在，我们看到他来到港口，让他远航吧，我们会再次见到他的。现在，让我们去欢迎一位归家的人。这个“新来者”即刻暴露了自己：他只会说法语，还经常听不懂克里奥尔语。民俗学中有一个相关的例子：一个乡下男孩在法国住了几个月后回到老家，他看到一件农具，问父亲：“能告诉我，人们怎么称呼这个器具吗?”这位老农民显然“不吃他那一套”，他把那农具往儿子脚上一砸，健忘症便消失了。多有效的治疗。

再来看看那个新出现的新来者。他不再懂方言。他谈论歌剧，尽管可能只是远远地看见过歌剧院而已。但紧要的是，他以一种批评的态度来对待同胞。哪怕在最琐碎的事情上，他也成了传达神谕的祭司。他才是那个“懂”的人。他在谈话中暴露了自己。法兰西堡的年轻人在萨凡纳悠闲地消磨时光，场面极具启发性：每个人都在等待新来者说话。一到学校节假日，他们就都跑到萨凡纳去了。萨凡纳似乎还被写进过诗里。想象一下：一个约 600 英尺长、125 英尺宽的广场，四周长着被虫蛀蚀的罗望子树，一端有座巨大的战争纪念馆（祖国母亲对儿女们的感激），另一端是中央酒店；大片铺着鹅卵石的、不平整的场地，一脚踩上去，石头在底下滚动；三四百个年轻人在这里走来走去，互致问候，成群结队——不，他们从未形成群体，他们兀自走着。

“最近怎么样?”

“不错。你呢?”

“也不错。”

这样的情形持续了 50 年之久。这座城市是如此悲哀。生活也是如此。

他们见面后交谈起来。新来者很快就开始发言，有人就在等着他。人们首先观察他的举止：稍有一点不合礼仪的行为都会被挑出来放大，不到 48 小时，这个小小的错误就会传遍整个法兰西堡。当一个自我宣称优越的人并没有达到标准时，他是不会被原谅的。如果他说：“不幸的是，我在法国没能看到骑警。”那他就完蛋了。他只有一个选择：抛弃他的“巴黎主义”，要不就得一辈子遭人耻笑。因为，这种事，人们是永远也不会忘记的：结婚时，他的妻子会知道自己嫁给了一个可笑的男人，他的孩子也将面对父亲的流言生活下去。

这种人格变化从何而来？这种新的存在方式从何而来？达穆雷特（Damourette）和皮雄（Pichon）曾说，每一种方言都是一种思维方式。这位新近还乡的黑人，接受了不同于其出生群体所用的语言，这一事实证明一种错位与分离。威斯特曼教授（D. Westermann）在《今日非洲》（*The African Today*）（331 页）中称，受教育程度最高的黑人当中存在着尤其强烈的自卑感，他们必须不断与之斗争。他补充说，其斗争方式通常是幼稚的：“穿欧洲服饰：不管是破旧衣物还是新潮服装；用欧式家具；采取欧洲社交形式；用欧洲语言的表达方式修饰母语；用欧洲语言交谈或书写时使用空洞浮夸的短语。这些都有助于其建立与欧洲人平等的感觉，有助于其建立成就感。”

基于其他研究和我的个人观察，我想试着说明：为什么黑人对欧洲语言持有这样特殊的立场。容我再次声明：我的结论适用于法属安的列斯人；同时，我也意识到，同样的行为模式，在每一个受殖民统治的种族中都存在。

我知道，以前有出生在达荷美或刚果的人，冒充自己是安的列斯原住民——不幸的是，我知道现在还有这样的人；我知道，过去安的列斯黑人在被怀疑是塞内加尔人时，会生气，我也知道现在仍有这样的人。这是因为安的列斯黑人比非洲人更加“文明”，即他们更接近白人。这种差异不仅明显出现在小街和林荫道上，也存在于公职部门和军队中。任何在塞内加尔步兵团服过兵役的安的列斯黑人，都熟悉这种令人不安的气氛：一边是欧洲人，不论他们出生在自己国家还是法国；另一边是塞内加尔人。我记得在某一天的战斗中，我们必须摧毁一处机枪掩体。塞内加尔人受命发起三次进攻，三次被迫撤退。于是其中一人便问，为什么那些欧洲人（toubabs）[①] 不参与行动。这种时候，人们不知道他所指的，到底是“欧洲人”还是“本地人”。然而，许多安的列斯黑人并不为其欧洲身份感到烦恼，反而认为，这完全是正常的。难道被当成“黑鬼”就好啦？欧洲人蔑视塞内加尔人，安的列斯黑人统治着整个黑人军队，成为这支黑人队伍中无可匹敌的主子。诚然，作为一个极端的示例，我提供了一个至少有趣的细节。我最近和一个马提尼克人交谈，他很不满地告诉我，一些瓜德罗普的黑人试图冒充马提尼克人。但是，他补充说，谎言很快就被揭穿了，因为他们比我们更野蛮，而这又意味着他们离白人更远了。据说黑人喜欢漫天闲谈；当我想到“闲谈”这个词的时候，眼前浮现出一个画面，一群嬉笑的孩子在游戏中为了叫喊而叫喊着。在某种程度

---

① ［译注］方言词，字面意思为欧洲人，引申为所有军官。

上，游戏被视为人生的启蒙。黑人喜欢闲聊，从这一推测入手，很快将面临一个新命题：黑人只是个孩子。精神分析学家们在这里开了个好头，我们很快就听到“口头性”这个词了。

但是，我们必须走得更远。语言的问题太过基本，不能奢望在这里把它全说明白，以此来解释一切。皮亚杰（Piaget）的卓越研究，教导我们去辨别语言学习过程中的各个阶段；盖尔布（Gelb）和戈德斯坦（Goldstein）则告诉我们，语言的功能也分为不同时期与步骤。这里使我们感兴趣的，是那些接触过法语的黑人。我们试图理解，为什么安的列斯黑人如此钟爱说法语。

让-保罗·萨特（Jean-Paul Sartre）在《黑人与马达加斯加诗歌选集》（*Anthologie de la nouvelle poésie nègre et malgache*）的引言《黑色俄尔甫斯》（*Orphée Noir*）中告诉我们，黑人诗人有一天将会转身反对法语；但是，这并不适用于安的列斯人。在这里，我要分享米歇尔·莱里（Michel Leiris）不久前谈及的对克里奥尔语的看法：

> 即便是现在，尽管事实上克里奥尔语是每个人多少都会说一些的语言，但只有不会说法语的文盲才使用它。一旦公共教育在不富裕的阶层中被普及（无论进展多缓慢，哪怕各地的学校设施不完善、公众读物缺乏、物质生活水平过低），克里奥尔语似乎注定会

成为文物。

接着，莱里补充道：

> 就我在此所讨论的诗人而言，毫无疑问，他们有意依照普罗旺斯流派[①]的独特模式，变成“安的列斯人”，其方式是通过使用一种业已废弃的语言，而且罔顾这门语言的内在本质，全然缺乏其外在光彩；准确地说，这是他们所持主张的问题：即彰显其人格的完整性，反对抱有最严重种族偏见的白人，白人的傲慢越发清楚地被证明是毫无根据的。[②]

如果有那么一个叫作吉尔伯特·格拉西安（Gilbert Gratiant）的人用本土语言写作，那么必须承认，这是非常罕见的。此外，我们要指出：这种创作在诗歌上的价值是相当可疑的。与此相反，有些真正的艺术作品，是从塞内加尔方言珀尔语及沃洛夫语翻译而来的。在这一点上，我发现谢克·安塔·迪奥普（Sheik Anta Diop）的语言学研究相当有意思。

安的列斯群岛的情况很不相同。岛上的官方语言是法语；教师们密切监督孩子们，不允许他们使用克里奥尔

---

① ［译注］1854年在法国普罗旺斯成立的文学流派，主张使用法国南方的奥克语写作。

② Michel Leiris, “Martinique-Guadeloupe-Haiti”, *Les Temps Modernes* (Février, 1950), p. 1347.

语。姑且不谈那些表面的缘由。问题看起来是这样的：与布列塔尼一样，在安的列斯群岛，方言和法语并存。但这是错误的，因为没有被白人开化的布列塔尼人，并不认为自己不如法国人。

我们不会在论述中大量增加自己的因素，这样，就冒着不给自己的研究领域设定限制的风险；但是必须向黑人传达以下信息：决裂的态度从来拯救不了任何人。当我由于实在无法呼吸，而必须摆脱想勒死我的攻击者时，事实仍然仅仅建立在生理基础之上。在呼吸机制的问题上，嫁接一个心理因素是错误的，因为在这个机制中，不存在嫁接所需的伸缩缝。

这是要表明什么呢？简单来讲是这样：当一个安的列斯群岛的哲学学士，因为自己的肤色而拒绝申请教师资格证时，我要说，哲学从来没有救过任何人；如果有人竭力向我证明黑人同白人一样聪明，我要说，智慧从来没有救过任何人。这是千真万确的。如果哲学和智慧被用来宣扬人人平等，那它们也能被用来证明，灭绝人类具有正当性。

继续讨论之前，我认为有必要说明一些事情。我在这里所说的，一方面是异化（受欺骗）的黑人，另一方面是异化程度也不轻（欺骗和被欺骗）的白人。如果有人听到萨特或红衣主教韦尔迪埃（Verdier）宣称，肤色问题引发的愤慨已经是陈年旧事，这个人会说，他们的态度是正常的。任何人都可以收集参考资料和引文以证明："肤色偏见”确实是一种愚蠢和罪恶，必须被淘汰。

萨特在《黑色俄尔甫斯》开头这样写道：“当你拿掉那封住黑人嘴巴的填塞物时，你还期待些什么？指望他们对你歌功颂德？你是不是认为，父辈们被迫低下的头再度抬起时，你能在他们的眼里见到崇敬的目光？”[①] 我不清楚，但是我要说，如果一个人看着我的眼睛，却没有发现我眼里的那个永恒的疑问，那他准是瞎了眼；既没有感激，也没有憎恨。如果我大声呼喊，那将不是黑人的喊叫。不，从这里所持的观点来看，不存在黑人问题。或者，即便有这样一个问题，它也只是偶然与白人相关。这是一个发生在黑暗中的故事，我必须让心中的阳光照亮那些无人知晓的缝隙。

内罗毕的马萨里精神病院的主治医师戈尔东（H. L. Gordon）博士，在《东非医学杂志》（*Presse médical de l'Est-Africain*）（1943 年）的一篇文章中称：“在对 100 个正常土著的大脑进行高技术检测之后，肉眼及显微镜可见的事实都证明，他们的大脑先天低下，不具备最新发展阶段的细胞特征……”他还写道，“从量化角度看，劣等率达到 14.8%”。[②]

有人说，黑人是猴子和人类——当然指白人——之间

---

① Jean-Paul Sartre, “Orphée Noir”, *Anthologie de la nouvelle poésie nègre et malgache*, p. ix.

② Alan Burns, *Le Préjugé de race et de couleur* (Payot), p. 112.

的进化环节。艾伦·伯恩斯（Alan Burns）爵士在其著作的第108页就下结论称："我们无法接受这个已经过科学验证的理论：黑人天生比白人低下，或者，黑人和白人源于不同血统……"容我补充一点，要证明如下说法的荒谬性轻而易举："《圣经》记载，人世间白人和黑人的种族区分，将延续到天堂；在天父所有的众多楼宇中，那些被天国接纳的黑人，将单独入住其中的某一栋，《新约》对此有所提及。"或者是如下说法："我们是被选中的人——看看我们的肤色。其他人长着黑皮肤或黄皮肤，那是因为他们有罪。"

是的，正如你们所见，通过呼吁人性，呼唤对尊严、爱和慈善的信仰，能够轻松地证明或者让人承认黑人与白人是平等的。但我的目的与此大不相同：我想做的，是帮助黑人摆脱殖民环境中形成的各种情结的束缚。在里昂勒帕克中学教书的阿希尔（Achille）先生，在一次讲座中谈到一次个人遭遇。这是一种众所周知的经历。住在法国的黑人当中，没有经历过这种体验的人极少。阿希尔是一名天主教徒，参加过一场学生的朝圣。一位牧师在人群中看到黑色的脸，对他说："你离嗨（开）辽阔的稀树草原，来我们介（这）里，为的是什么？"阿希尔礼貌地给出了诚实的回答，结果，在这个故事里遭遇窘境的，并不是离开大草原的年轻逃亡者。大家对这次交流发出一阵嘲笑，然后继续朝圣。但是，如若在此稍事停留，我们将会看到，牧师操着黑人皮钦语的这个事实，引发了某些意见：

其一，“哦，我了解黑人。必须友好地和他们交谈；与他们谈论他们的国家；关键是要知道如何与他们交谈。例如……”我丝毫没有夸张：一个白人对一个黑人讲话，表现得完全像大人对待小孩，毫无诚意地笑着、低语着、哄骗着，一副居高临下的样子。我观察了不仅一个，而是几百个白人；我也没有把调查局限于任何一个阶层，而是观察了医生、警察和雇主的行为，只希望能够表明基本客观的立场。那些罔顾我目的的人会告诉我，我应该把注意力转移到别处，有一些白人不符合我的描述。

对于这些反对意见，我的回答是：我们研究的对象是受骗者和欺骗者，是异化者，而且如果一些白人遇到黑人时举止自然，那他们并不属于我们的考察范围。如果我的病人肝脏功能正常，我不会想当然地认为他的肾脏也是健康的。发现肝脏没问题，让它保持原状，这是正常的；我会把注意力转移至肾脏：碰巧，肾是有疾患的。也就是说，正常人按照人类的心理自然地行动，与其并存的，是一些人按照非人的心理，做出病态的行为。这种人的存在又常常决定了某些现实，在此，我希望为清除这些现实而有所贡献。

用这种方式与黑人交谈，是降到与他们平级的水平，这会让他们放松，让他们理解我们，也会让他们放心……

从事公共卫生服务的医生非常清楚这一点。二十个欧洲病人依次进来：“请坐……你为什么要来找我咨询呢？……有什么症状？……”然后是一个黑人或阿拉伯人进来了：“坐在那儿，孩子。……有什么不舒服呀？……哪儿疼啊？……”也就是，他们不会说：“你不舒服，是么？”

其二，对黑人说皮钦语会使他生气，因为他自己就是个操皮钦语的黑鬼。但是人们告诉我，他们不想，也无意激怒他。我同意；但正是这种不想、这种没兴趣、这种冷漠、这种将他归类、限制他、使他处于幼稚状态和不文明状态的无意识行为，才使他生气。

如果一个人对有色人或阿拉伯人讲皮钦语，又并不认为这样的行为有什么错误或邪恶之处，那是因为他从未停下稍做思考。在与某些病人谈话时，我也意识到了自己开始犯错……

审视着这位头脑向来不机灵、已经痴呆的73岁农妇，我突然意识到，那根我用它来触摸并借由它被触摸的、直觉的触须突然萎缩了。我采用了一种适合老年痴呆患者和低能者的语言；我“高人一等”地与这位73岁的、可怜的老女人讲话；我屈尊为她诊断病情。这些事实刻印了我在人际关系中的严重失职。

多么理想主义啊，人们会这样说。并非如此：只是，其他人都是卑鄙的家伙。我一直尽力使用标准法语跟所谓的“阿拉伯佬”（bicots）[①] 交谈，他们也总能听懂，并尽

---

①［译注］法语粗俗语，指阿拉伯人。

其所能地回答我；但我不容许自己诉诸“家长式”的理解。

“早儿（上）好，伙计。哪儿疼？嗯？让我看看，肚子疼吗？心口痛吗？”

带着免费诊所下属工作人员那种已经拿捏得恰到好处的、难以形容的音调。

当病人以同样的方式回答时，你会觉得，就该是这样。“你明白吗？我没跟你开玩笑。他们就是这样。”

情况相反时，就必须收回自己的伪足，表现得像个人。整个理性结构坍塌了。一个黑人对你说：“我不是你的伙计，先生……”真是新鲜事。

不过，一定要到更底层去。你坐在鲁昂或斯特拉斯堡的酒吧里，不幸被一个老酒鬼发现了。他立刻坐到你的桌旁。“你——非洲人？达喀尔，吕菲斯克，妓院，女人，咖啡馆，芒果，香蕉……”你起身离开，他用一连串的谩骂向你告别：“在你的丛林里你可没那么厉害，你个卑鄙的黑鬼！”

马诺尼描述了他所谓的普洛斯彼罗情结。我们回头讨论他的这些发现，那将使我们有可能了解殖民主义的心理。但我们已经可以说：

谈论操皮钦语的黑人就是要表达以下想法：“你最好待在自己的地方。”

我遇见过法语说得很糟的俄国人和德国人。我打着手势，试图传达他询问的信息。但是同时我也记得，他有自己的语言、国家，他在那儿也许是律师或工程师。不管怎样，对于我所属的群体而言，他是外人，他的标准必定也是不同的。

涉及黑人时，便不存在这种情况。他没有文化，没有文明，没有“历史悠久的过去”。

这可能是当代黑人发奋努力的原因：不惜一切代价，向白人世界证明黑人文明的存在。

不论黑人愿不愿意，都必须穿着白人为他缝好的制服。来看看儿童画报：每个黑人嘴上挂着“素（是），老板”；在电影里更是令人印象深刻。许多法语配音的美国电影都塑造了类型化的黑人形象：“当蓝（然）好的！”

最近的一部电影《钢铁鲨鱼》中，有个角色是一艘潜艇的黑人船员，他说话时使用的经典方言可想而知。而且，他就是个十足的黑鬼，退着步子走路，长官稍有愤怒的迹象，他就吓得瑟瑟发抖，最终在航行途中遇害。然而，我相信，原版电影中的对话并没有采用同样的表达方式。即便有，我也看不出有什么理由，要让拥有 6 000 万有色人种的民主法国，必须重复海洋对面的愚蠢配音。这只不过因为黑人必须以某种方式出现；从《毫无怜惜》中的黑人——“我努力工作，我从不撒谎，我从不偷窃。”——到《阳光下的决斗》里的女仆，我们看到的，是同一种刻板印象。

是的，是黑人就该做个好黑人。一旦确定了这一点，其余事情就会自然发生。让他说皮钦语，就是把他固定在我们对其持有的刻板印象上，诱捕他，限制他，他是一种本质和外表的永恒的牺牲品，而这黑肤色的外表，并非他应该担负的责任。正如一个花钱不过脑子的犹太人十分可疑一样，会引用孟德斯鸠的黑人，理所当然地受到监视。请理解我："受监视"是在"他开始做某些事情"这个意义上而言的。当然我不认为，黑人学生会被他的老师或同学怀疑。但在大学之外，还有一群傻瓜：重要的不是教育他们，而是教导黑人不要被其原型所奴役。

这些愚钝的人是一种心理经济制度的产物，我同意这一点。但我们对此不再做深入讨论。

当一个黑人谈起马克思时，引起的第一反应都是一样的："我们把你提升到了我们的水平，现在你却背叛了自己的恩人。忘恩负义！很明显，对你没有什么可指望的。"在非洲种植园主那里，也有霸道的观点：我们的敌人是老师。

我的看法是：欧洲人对黑人抱持固定不变的观念，还有什么比"你在法国待了多久？你的法语讲得很好啊"更令人恼火。

也许有人会说，这是因为许多黑人法语说得不好。说得太容易了。你在火车上，问另一个乘客："先生，请见谅，你能告诉我餐车在哪里吗？"

"当然，伙计。你走出门，看，穿过走廊，直走，过一节车厢，过两节车厢，过三节车厢，就到了。”

不，操皮钦语阻隔了黑人，它使一种冲突状态永久化，在这种冲突中，白人将极端危险的异物注入黑人体内。没有什么比听到一个黑人恰当地表达自己更令人惊讶的了，因为事实上，他正融入白人世界。我曾经有机会同外国留学生交谈，他们法语不好；小克鲁索，又名普罗斯彼罗，这时就相当自在。他通过讲解、教导、诠释，帮助他们学习。但是和黑人一起时，他就完全被难住了，黑人本身已经拥有同样渊博的知识。和他在一起不能玩这种游戏，他活脱脱是个白人的复制体。所以只能让步。①

说明这一切之后，人们就会明白：黑人的第一反应，是对那些试图给他们下定义的人说“不”。黑人的第一个行动是反抗，这是可以理解的。由于人们依据同化程度来评价黑人，新来者只用法语进行交流，这也同样可以理解。这是因为，他想强调已然发生的决裂。他要成为全新的人，并强制朋友和家人接受这种新形象。因此，当他讲到自己的衣服、自家破旧的房屋、一些脏乱的地方时，他的老母亲再也听不懂他在说什么。当然，讲述这一切都得

---

① “我在医学院认识几个黑人……总归一句话，他们叫人失望；他们的肤色，本来应该给我们机会，让我们显出对他们的仁慈、慷慨和科学的友好。他们有责任要求我们的善意，但他们很失职。我们所有眼泪盈眶的柔情，所有精心算计的关怀都是市场上的一种药。没有黑人需要我们屈尊俯就，他们也没什么让我们憎恨的；在琐碎的工作和日常的诡计方面，他们在实质上和我们一样重要。” Michel Salomon, “D'un juif à des nègres”, *Présence Africaine* (No. 5), p. 776.

带上适当的腔调。

世界上每一个国家都有野心勃勃的人，“那些忘了自己几斤几两的人”；也有与其相反的，“那些谨记自己来自何方的人”。从法国回到安的列斯群岛的黑人，若要表明自己什么都没变，就得说方言。人们可以在家人朋友等待他的码头上感受这一点。等待他，不仅是因为他的人回来了，还是在等待一个反击的机会。他们要花一两分钟做出诊断。如果远行者告诉熟人，“我很高兴回到你们身边。天哪，这个国家太热了，我肯定不能忍受很久”。人们就知道：一个欧洲人下了船。

在一个更有限的群体中，来自安的列斯群岛的学生在巴黎相遇时，有两种可能的选择：

——要么与白人世界（即现实世界）为伍，因为他们会讲法语，能够面对某些问题，他们的结论往往具有一定程度的普遍性；

——要么拒绝欧洲，拒绝“其他民族的人”[①]，操着自己的方言抱团，舒舒服服地待在马提尼克人的世界里；我的意思是——这尤其适用于我在安的列斯群岛的兄弟们——当我们中的一位，尝试在巴黎或任何其他大学城认真研究一个问题时，就会被指责自我膨胀，压制其风头的最好办法，就是用方言轰炸他，提醒他是个安的列斯人。

① 原文为“Yo”，用于指称“其他民族的人”的通用术语，尤适用于欧洲人。

必须承认，许多友谊在数个月的欧洲生活后便破裂，这是原因之一。

我讨论的主题是黑人的去异化，我要让他们感觉到：任何时候在白人面前，自己和同伴之间缺乏理解就是缺乏判断力。

塞内加尔人想变成安的列斯人，于是学习克里奥尔语，我将此称为异化。

认识他的安的列斯黑人，总是取笑他，乐此不疲，我将此称为缺乏判断力。

我们认为，对安的列斯黑人的语言进行研究，能够展示安的列斯黑人世界的一些特点，很明显，这一点没有错。正如我开头所说，语言和群体之间有一层挡土墙般的加固关系。

说一种语言，就是要接受一个世界、一种文化。想成为白人的安的列斯黑人，更好地掌握了语言这种文化工具后，就会变得更白。我还记得，一年多以前，在里昂的一个讲座上，我对比了黑人诗歌和欧洲诗歌。一位法国朋友热心地告诉我，“你本质上是个白人”。我能够通过白人的语言，来研究如此有趣的问题，这一事实给了我荣誉公民的身份。

从历史角度看，我们必须理解：黑人想说法语，因为这是打开50年前仍对他紧闭的大门的钥匙。我们发现，这本书的研究对象——安的列斯黑人，有一种对于精妙的追求，他们寻求语言的精致——那么多高妙的追求手段都是为了证明，自己已经符合这个文化的标准。① 有人说，安的列斯群岛的演说家有一种天生的口才，能让欧洲人屏息倾听。我想起一个相关的故事：在 1945 的竞选活动中，众议员候选人艾梅·塞泽尔，在法兰西堡男子学校对一大群观众发言。在演讲中途，有个女人当场昏厥。第二天，一个熟人告诉我这件事，评论道："他的法语是如此令人振奋，甚至让那个女人晕了过去。"② 语言的力量！

还有一些事实值得我们注意：例如，夏尔-安德烈·于连（Charles-André Julien）对艾梅·塞泽尔的介绍是："拥有大学学位的黑人诗人"，或者很简单地，又是那个表达——"一个伟大的黑人诗人"。

这些现成的措辞，似乎作为常识满足了一种需求——因为艾梅·塞泽尔确实是个黑人，也是个诗人。这些语词有一种暗藏的微妙之处，一种亘古不变的冒犯。如果不是让·波朗（Jean Paulhan）写了些有趣的书，我不会知道他是谁；我也不知道罗杰·卡洛斯（Roger Caillois）多大岁数，因为我能证明他存在的唯一证据，是其作品在我视野中留下的痕迹。不要指责我对情感过于敏感；我想说的

① 譬如，比较一下任何一位候选人的当选都会引发的令人难以置信的逸闻趣事。一份名为《无法无天的鸭子》（*Canard déchaîné*）的低俗报纸，使用毁灭性的克里奥尔主义来打垮势不可挡的 B 先生，还不能令自己满意。这确实是安的列斯人的武器：他无法用法语表达自我。

② "他的法语（优雅的语言风格）是如此令人兴奋，以至于那个女人昏厥过去。"

是：安德烈·布雷顿（André Breton）没有理由说塞泽尔“这是一个掌握了法语的黑人，如今没有白人能比他用得更好”①。

就算布雷顿可能是在陈述一个事实，我也看不出其中存在什么悖论，有什么需要强调的。因为，事实上，塞泽尔就是个土生土长的马提尼克人和一个大学毕业生。

我们在米歇尔·莱里的论述中也发现了这种表达：

> 如果安的列斯群岛的作家确实渴望脱离与正规教育相关的文学形式，那么这种面向更纯粹的未来的愿望，无法呈现民间文学的样貌。他们首先寻求的是：在文学中表达正当的属于自己的信息，至少有一些作家努力要成为真正的种族代言人，而这个种族的潜力尚未被认可。他们蔑视这些手段。他们的智力成长，发生在几乎排他的法语框架中，而且，他们诉诸一种只是习得的但现在永远不会真正使用的演讲模式，这也是他们施的一个障眼法。②

会有黑人责备我说：像布雷顿这样的白人写出了这种东西，我们应该感到荣幸。

我们继续……

---

① Introduction au *Cahier d'un retour au pays natal*, p. 14.

② Michel Leiris, *op. cit*.

第二章

有色人女性与白人男性

人是朝向世界及其同类的运动。侵略的行动导致奴役和征服；爱的行动是一种自我奉献，是通常所谓伦理导向的终极阶段。任何意识，似乎都有能力同时或交替地表现这两种运动成分。我爱的人认同我的男子气概，将使我更加强大，而赢得他人之赞赏和爱慕的欲望，则在我的世界观上建立起制造价值的上层建筑。

为了理解这种现象，分析家和现象学家任务艰巨。如果说有个叫萨特的人将爱描述成了失意（他的《存在与虚无》不过是分析了欺骗和虚伪），那么事实依然是：忠诚、实在的爱——希望他人得到己之所欲，而这种己之所欲统合了人的实存的永恒价值——需要调动基本摆脱无意识冲突的精神驱力。

一场对抗他者之艰巨斗争的最终后遗症已经愈合，被远远地抛诸脑后。如今，我相信爱的可能性；这就是为什么我努力去发现它的缺陷，它的反常。

本章致力于探讨有色人女性和欧洲人的关系。我们的问题是要查明：在黑人消除自卑感或阿德勒式的自卑—超越动机，即那种过度补偿——这些似乎是黑人世界观的指标——之前，真爱在何种程度上仍不可得。

因为，当我们在《我是马提尼克女人》（*Je suis Martiniquaise*）一书中读到以下内容时，的确有理由感到不安："我本来是想结婚的，但是一定要嫁给白人。不过一个有色人女性在白人眼里，是绝对得不到尊重的，即使他爱她。我知道是这样。"① 在某种程度上，这段话就是从一个巨大的错觉中得出的结论，刺激着人的大脑。一个名叫马伊奥特·卡佩西亚的女人，某一天受难以觉察的动机所驱使，坐下来用202页的文字写下了她的生活，任由自己最荒唐的想法在其行文中肆意滋长。这本书在某些圈子里受到热烈追捧，这让我们不得不对它作出分析。拐弯抹角招人厌，我就直截了当地说吧：《我是马提尼克女人》就是一件廉价商品，一篇赞美迂腐的布道文。

马伊奥特爱上了一个白人，对他百依百顺。他是她的主人。她什么也不问，什么也不要，只求生活中的一点"白人化"。当她试图确定他在自己心里是英俊还是丑陋时，她写道："我只知道，他有蓝色的眼睛、金色的头发和白皙的皮肤，还有我爱他。"不难看出，把这句话重组一下

---

① Mayotte Capécia, *Je suis Martiniquaise* (Paris, Corréa, 1948), p. 202.

层次，它的顺序就变成了：“我爱他，因为他有蓝色的眼睛、金色的头发和白皙的皮肤。”我们这些来自安的列斯群岛的人很清楚一件事：人们说，蓝眼睛令黑人害怕。

我在本书前言中提到，从历史上说，黑人在经济上感到自卑。我是没有说错的。

> 很遗憾的是，他有时晚上要离开我去履行社交义务。他会去迪迪埃——法兰西堡的时髦地方，那里聚居着“马提尼克岛的白人”，他们不一定都是正宗的白人，但通常都很有钱（据了解，一个人的财富超过一定水平就会被视为白人），那里也住着“法国白人”，他们大多数是政府人员和军官。
>
> 安德烈的同事像他一样，因战争一直被困在安的列斯群岛，其间有人设法让妻子也来到这里。我明白安德烈需要与他们交流。我也接受了自己被禁止进入这个圈子的事实，因为我是有色人；但是我却忍不住嫉妒起来。他向我解释说，他的私生活是一回事，是属于他个人的事情，但是社交和军人生活是另一回事，并不由他做主。这都无济于事。我唠唠叨叨，有一天他终于带我去了迪迪埃。我们与两位军官和他们的妻子在一幢小别墅里度过了一个晚上——我从小就羡慕这些别墅。妻子们用一种屈尊俯就的目光注视着我，让我无法忍受。我觉得自己的妆化得太浓，衣着

> 也不甚得体，让安德烈没有面子，或许仅仅是因为我的肤色——总之，这个夜晚让我过得如此难堪，我决定，不再要求安德烈带我去了。[①]

正是迪迪埃这个马提尼克岛上最富庶者居住的地方，吸引所有女孩许下愿望。马伊奥特本人也提出这样的观点：一个人的财富超过一定水平，就成了白人。别墅区早已令这位女士眼花缭乱。然而，我感觉马伊奥特有些言过其实：她说自己是在18岁以后才去的法兰西堡；但又说，迪迪埃的别墅在幼时就令她着迷。这里的说法前后有出入，不过，我们一旦了解了背景，这种矛盾就变得可以理解了。在马提尼克岛，人们时常幻想一种拯救形式，即肤色神奇地变白。在迪迪埃拥有一栋房子，被上流社会接纳（迪迪埃坐落在小山上，俯瞰着城市），在那里你会发现，黑格尔的主观确定性变得生动鲜明。另一方面，也能很容易看出，存在与拥有的辩证[②]在这种行为的描述中所占的位置。然而，马伊奥特的情况有所不同。她被人厌恶。事情照常发展……因为她是有色人女性，所以不被这个社会接受。她的怨恨从自己的矫揉造作中汲取养分。我们将看到，为什么爱是各个国家的“马伊奥特”们无法企及的。心爱的人不该允许我把幼稚的幻想变成现实，相反，他应

---

① Mayotte Capécia, *Je suis Martiniquaise* , p. 150.

② Gabriel Marcel, *Être et Avoir* (Paris, Aubier, 1935) .

该帮助我超越它们。马伊奥特的童年向我们展示了一些特质，说明了她成年后依循的方向。每当有一种运动或接触，这都直接关系到她的目标。对她而言，白人和黑人似乎确实代表世界的两极，永远冲突的两极：一种真正的摩尼教的世界观；此话已出口，必须铭记——是白人，还是黑人，这是个问题。

我是白人，也就是说，我拥有美貌和美德，而这些从不属于黑人。我的肤色是白昼的颜色。我是黑人：我体现了与世界的完全融合，对大地的直观理解，我在宇宙中心放弃自我。不管白人多么聪明，都不能理解路易斯·阿姆斯特朗（Louis Armstrong）和刚果的音乐。我生而为黑人，这并非诅咒的结果，而是因为我献出了皮肤，得以吸收宇宙的所有废气。我正是地下的一缕阳光……

在那里，人们带着他的黑皮肤或白皮肤，身体挨着身体躺着，沉浸在自恋的叫喊里，每个人都封闭在自己的特异性中——时不时也确实闪过一道亮光，但亮光源头却受到威胁。

从一开始，问题就这么摆在了马伊奥特面前——她在书的第 3 页写道，自己 5 岁那年："她拿起桌上的墨水瓶，倒在他头上。"这是她把白人变为黑人的方式。但她很快认识到这种尝试是徒劳的；后来卢卢兹（Loulouze）和母亲告诉她，一个有色女人的生活是艰难的。因此，她再也不能试图把世界变黑，把世界黑人化，于是她要试着把身体和心灵漂白。一开始，她要成为一名洗衣工："我要价很高，比其他地方都高，但我做得更好。法兰西堡的人喜欢衣物干干净净，所以他们会来找我。最后，他们会因为把衣物送给马伊奥特清洗而感到骄傲。"①

我很遗憾，马伊奥特只字未提她的梦想，那样就会更容易触及她的潜意识。她没有意识到自己是个彻头彻尾的黑人，反而把它视为一场意外。当她得知自己的祖母是白人时：

> 我为此感到骄傲。我当然不是唯一拥有白人血统的人，但是有个白人祖母不像有个白人祖父那样普遍。② 所以我母亲是一个混血儿？看到她的浅色皮肤

---

① Mayotte Capécia., *Je suis Martiniquaise*, p. 131.

② 由于白人男性是主人，更简单点说，是男性，他便可以允许自己奢侈地与众多女人上床。每个国家都是如此，尤其是在殖民地。但是，当一个白人女性接受一个黑人男性，自然而然就有了浪漫的一面。这是给予，而非攫取。事实上，在殖民地，即便白人与黑人之间很少通婚，或真正地长久同居，混血儿的数量也是惊人的。这是因为，白人常常与他们的黑人仆从上床。然而，这也不能为马诺尼的以下这段论述提供任何根据：

> 因此，我们的部分驱动力很自然地把我们推向最陌生的类型。这不仅仅是文学上的幻觉；当加利埃尼（Galliéni）的士兵选择年轻的拉马托亚（Ramatoa）作为他们临时的妻子（或多或少算是）时，并不存在文学的问题，而且这种幻觉可能是非常轻微的。事实上，这些最初的接触完全没有困难。这在一定程度上要归因于马达加斯加人健康的性生活，他们那时没有受到各种情结的损害。但这也只是表示种族冲突是缓慢发展起来，而非自发产生的。（*Psychologie de la colonisation*, p. 110）

我们不要夸大其词。当征战部队中的一名士兵与一位年轻的马达加斯加女孩上床时，就他这一方而言，无疑，他不会把她当作另外一个人来尊重。种族冲突不是后来发生的，它们是（与接触）共存的。阿尔及利亚殖民者和他们的 14 岁女佣上床，这个事实绝不能说明在阿尔及利亚没有种族冲突。不，问题还更为复杂。马伊奥特·卡佩西亚是正确的：做个白人女性的女儿是一种荣幸。这证明，她不是"生在丛林里"（这个表达只适用于马提尼克上层阶级的非婚生子女；众所周知，他们人数极多：例如，奥伯里［Aubery］据说生了五十个私生子女。）

时，我本应该猜到的。我发现她比以往更漂亮，更聪明，更优雅。如果她嫁给了一个白人，你会不会认为我就完全是白人了？……生活对我来说也许不会那么困难吧？……我幻想着这位因为爱上一个马提尼克黑人而死去的、素未谋面的祖母……一个加拿大女人怎么会爱上一个马提尼克男人呢？我一直惦念着我们的牧师，并下定决心：我永不会爱上任何人，除非他是个金发碧眼的法国白人。①

如此，我们注意到，马伊奥特心心念念想要的是一种白人化。总而言之，是因为这个种族必须被漂白；马提尼克岛上的每个女人都清楚这一点，都反复地提及它。漂白、拯救这个种族，但并非如人们所想的那样：不是去“保留他们成长的那个世界的独特性”，而是要确保它是白色的。每当我下决心要研究某些行为，就无法避免必须考量某些令人恶心的现象。在安的列斯群岛，数量惊人的谚语、箴言和琐碎的行为准则，支配着人们对爱人的选择。至关重要的是：为了避免再次落入和黑人结婚的循环，安的列斯群岛的所有女人在调情或是严肃地谈婚论嫁时，会选择最不黑的那个男人。有时候，为了替一个错误的选择作辩解，她不得不这样论争：“某某是长得黑，但是苦难还更黑。”我知道很多来自马提尼克岛的女孩在法国学习，

① Mayotte Capécia, *op. cit.*, p. 59.

她们向我坦言——完全白人化的坦白——她们不可能嫁给黑人（好不容易摆脱了，还要刻意回去？谢谢，才不）。另外，她们补充说，我们并不是否认黑人的优秀品质，但你知道能变成白人要好得多。我最近刚和她们中的一个女人交谈过。她愤怒得气都喘不上，对我连吼带叫："如果塞泽尔总是表现出对自己种族的接受，那是因为他觉得这是一种诅咒。白人会像他那样吹嘘自己是白人吗？我们每个人都有变白的潜力，但有些人试图忽视它，而另一些人则要彻底逆转它。就我而言，无论如何我都不会嫁给一个黑人。"这样的态度并不罕见，我必须承认，这些态度使我不安，因为这个年轻姑娘完成学业后，会回到安的列斯群岛的学校教书。不难猜测这会带来什么后果。

安的列斯人面临一项巨大的任务，他们首先要仔细考察普遍存在于周遭的各种偏见的客观性。刚开始写这本书时，我已经完成了自己的医学研究，也想过把它当作论文发表出来。但辩证法要求我不断地改变立场。虽然我大体上专注于黑人的精神异化问题，对于某些事情，我却不能缄口不语。不管这些事情如何与心理学相关，其产生的结果最终会影响其他学科领域。

每一次的经验，特别是最后证明无结果的经验，都必定会成为现实的组成部分，从而在现实的重构中发挥作用。也就是说，那个存在着缺陷与恶习的、失败的父权制欧洲家庭，与我们所知的社会紧密联系，产生了约30%的神经病患者。问题在于，要借助精神分析的、社会学的和政治的经验教训，来创造一种新的家庭环境。这种新环境，即便不能消除也能够减少不合群的废人的比例。

换言之，问题在于，基本人格是常量还是变量。

所有这些追求白人男性的、疯狂的黑人女性都在等待。总有一天，她们会惊奇地发现，她们不想回去，她们梦想着"一个曼妙的夜晚，一个美妙的情人，一个白人"。可能有一天，她们也会意识到，"白人不会娶黑人女性"。但她们愿意冒这个险，为了变白，她们不惜任何代价。为什么？再简单不过了。下面是一个与她们的想法相契合的故事：

> 一天，圣彼得看见三个人来到天堂门口：一个白人，一个混血儿，和一个黑人。
>
> "你最想要什么？"他问白人。
>
> "金钱。"
>
> "你呢？"他问混血儿。
>
> "名誉。"
>
> 圣彼得转向黑人，他咧开嘴笑着[①]说："我只替这两位先生提包就行了。"

---

① 黑人的这种笑，这种咧嘴笑（原文为英文 grin），似乎抓住了许多作者的兴趣。伯纳德·沃尔夫（Bernard Wolfe）是这么说的："我们很高兴去描述黑人在一种为了我们而做出的笑脸中，展示他的一口牙齿。这种笑，如我们所见——如我们所理解——总是意味着一个礼物……"

无穷无尽的礼物，在每一个广告上、在每一个屏幕上、在每一个食品标签上……黑人给了夫人新的"深色的克里奥颜色"，来搭配她的纯色尼龙长袜，（转下页）

不久前，艾蒂安布勒（Etiemble）描述了一次令自己幻想破灭的遭遇："我还是青少年时，有一次对一个相熟的女孩说——用词不仅合适而且应景：'你，作为一个女黑人——''我？一个女黑人？你看不见我几乎是个白人吗？我鄙视黑人。黑鬼一身臭味，又脏又懒。别和我提黑鬼。'她愤怒地跳起来，我惊呆了。"①

我认识另一个黑人女孩，她常去巴黎的各个舞厅，在那里不会遇上黑人男性。

我们必须看看，黑人男性有无可能克服自己的渺小感，有无可能摆脱引起病态恐惧的强迫性生活。黑人的情感在恶化，他充满愤怒，因为觉得自己渺小，他饱受人际交往的匮乏之苦，所有这些因素将他囚禁在不堪忍受的偏狭之中。

安娜·弗洛伊德（Anna Freud）描述了自我退缩现象：

> 作为一种避免"痛苦"的方法，自我约束与各种形式的否定一样，并不属于神经心理学的范畴，而是

（接上页）维尼家族的礼节；搭配她"富于想象力的、线圈状的"格里沃格花露水瓶和香水瓶。擦得锃亮的鞋子，雪白的衣衫，舒适的下层铺位，快捷的行李搬运；爵士，吉特巴，摇摆舞，还有逗孩子们开心的、精彩的布勒兔故事。笑面服务，次次如此。……人类学家杰弗里·戈勒（Geoffrey Gorer）在《美国精神：民族性格研究》（*The American Spirit*：*A study in national character*）中写道："恐惧和暴力的极端惩罚，使黑人保持谄媚的态度，这是白人和黑人都明白的。然而，白人要求黑人在他们之间的一切人际关系中始终保持微笑、礼貌和友好……"（Bernard Wolfe，*L'oncle Rémus et son lapin*，*Les Temps Modernes* [No. 43，1949]，p. 888.）

① "Sur le *Martinique* de M. Michel Cournot"，*Les Temps Modernes*，Février，1950.

> 自我发展的一个正常阶段。当自我还年轻，还具有可塑性的时候，它从一个活动领域的撤退，有时会被它专注于另一个领域所表现的优秀所弥补。但是，当它已经定型，或不再能忍受“痛苦”，因此强迫性地痴迷于一种逃离的方法时，这种退缩会由于有缺陷的自我发展而受到惩罚。自我放弃一个又一个立场，变得片面，并丧失太多的兴味，最后只能获取微薄的成就。①

现在，我们明白了，为什么黑人在自己的狭隘当中无法获取乐趣。对他来说，只有一条出路，这条路通向白人的世界。因此，他总是专注于吸引白人的注意力，渴望白人那样强大的力量，决心变白从而获得不受侵害的品质——即成为白人或拥有白人特性的那个比例，以构成自我。我早些时候说过，黑人是从内部寻求途径进入白人殿堂的。这种态度就源于这个意图。

对黑人来说，自我退缩并不能作为成功的防御机制。他需要白人的赞同。

马伊奥特在神秘的愉悦中唱着狂热的颂歌，仿佛自己是个天使，肤色红润白皙，直飞高空。不过，在影片《绿色牧场》中，上帝和天使是黑人，这对她显然是残忍的惊

---

① Anna Freud, *Le moi et les mécanismes de défense* (*traduit par Anna Berman*), pp. 91 - 92.

吓："怎么能够想象上帝有着黑人的容貌？这不是我理想的天堂。但还好，这只是一部美国电影。"①

确实，美好而仁慈的上帝不可能是黑人，他是一个双颊红润的白人。从黑人到白人，是突变的过程。一个人若是白人，那就是富有的、美丽的、聪明的。

与此同时，安德烈给生活在世界上其他地方的"马伊奥特"们带去了白人的信息：迷人的蓝眼睛基因沿着染色体的廊道滑行。作为一个优异的白人，他已经留下了指示。他说的是自己和马伊奥特的孩子："你会抚养他长大，给他讲我的故事，告诉他：'你父亲是个上等人。你必须努力才能配得上他。'"②

尊严呢？现在，他已无须去实现它：尊严如今注入了他的动脉，嵌在他粉红色的小指甲里，是坚实的、白人的尊严。

那父亲呢？关于他，艾蒂安布勒是这么说的："他是同类人中的优良典范；他谈论家庭、工作、国家，优秀的贝当（Pétain）和仁慈的上帝，所有这一切都允许他让她怀孕。那个人模人样的讨厌鬼，优雅的白人，英俊的军官说：上帝利用了我们。之后，按照同样神圣的贝当主义礼节，我把她推给下一个男人。"

---

① Mayotte Capécia, *op. cit.*, p. 65.

② *Ibid.*, p. 185.

在结束那个女人——她的白人老爷“像个死人”，在那本满是悲惨死物的书中，她身边围绕着死人——的故事之前，我们认为，应该让非洲给我们派个特使。[①]

我们没有久等。阿布杜莱·萨季（Abdoulaye Sadji）在《妮妮》（*Nini*）[②] 一书中，为我们描述了黑人与欧洲人接触时是如何表现的。我曾说过，有些人十分厌恶黑人。然而，驱动他们的，并不是对黑人的仇恨。他们缺乏那么做的勇气，或者已经失去了这种勇气。仇恨不是天生的，它必须在后天不断培养，在与多多少少是公认的犯罪情结的冲突中产生。恨需要有存在性，怀有仇恨的人，必须在恰当的行动和行为中表现自己的恨；在某种意义上，他必须成为仇恨。这就是为什么美国人用歧视取代了私刑。人做事都有各自的原因。因此，在黑非洲（法属非洲?）城市里有欧洲区，我们对此也并不感到奇怪。穆尼埃（Mournier）

---

① 在《我是马提尼克女人》之后，马伊奥特·卡佩西亚写了另一本书《白色的女黑人》（*La négresse blanche*）。她一定认识到了早前的错误，因为在这本书中，我们看到了一种重新评价黑人的尝试。但是，马伊奥特·卡佩西亚并未考虑到自己的无意识。小说家刚给她的人物一点自由，他们就开始用它来贬低黑人。她描写的所有黑人，在某种意义上都是半个罪犯或操皮钦语的黑人。

另外——人们可以从这里预见将要发生之事——可以合理地说，马伊奥特·卡佩西亚明显背弃了她的国家。在她的两本书中，留给女主角的只有一条道路：离开。这个黑人国家毫无疑问被诅咒了。事实上，马伊奥特·卡佩西亚被禁止在自己之外。

但愿她别再为自己的愚蠢添乱了。

安静地离开吧，揭人隐私的说书人……但是记着，在你那患了贫血症的五百页文字之外，总能找到通往心灵的光荣之路。

不管你在书里怎么写。

② *Présence Africaine*, pp. 1 - 3.

的作品《黑非洲的觉醒》(*L'éveil de l'Afrique noire*)引起了我的兴趣，但是我在急不可耐地等待一个非洲的声音。得益于阿利乌纳·迪奥普（Alioune Diop）的杂志，我已能够调节那些支配有色人的心理动机。

下面这段话，从最严谨的意义上来说，是叫人吃惊的：

> 在圣路易，坎皮恩（Campian）是常去圣路易俱乐部[①]的、唯一的白人男性——他有一定的社会地位，是塞内加尔桥梁和公路局的工程师，也是公共工程部副部长。据说他对黑人非常友好，比在圣路易俱乐部宣传过种族平等的费德尔布中学教师罗丁（Roddin）还要友好。这两人之中，到底谁的精神品质更优异，成了人们热烈讨论的永恒话题。无论如何，坎皮恩去俱乐部更频繁些，他在那里认识了一些礼貌且尊重他的本地人。他们喜欢他，并且为坎皮恩出现在他们中间而感到荣幸。[②]

这位作者在非洲当老师，他因为罗丁先生的种族平等演讲而心存感激。我称之为侮辱。我们可以理解穆尼埃从遇见他的年轻非洲人那里听到的抱怨："我们需要的是像你这样的欧洲人。"人们一直都知道，对黑人来说，遇见

---

① 当地年轻人经常光顾的俱乐部，与只接待欧洲人的公民俱乐部隔街相对。

② Sadji, "Nini", *Présence Africaine* (No. 2), p. 289.

一位理解他们的欧洲人（toubab）[1]，会带来和解的新希望。

通过分析阿布杜莱·萨季小说的不同段落，我试图捕捉有色人女性对欧洲人的反应。首先，有两种这样的女人：黑人和混血儿。第一种女性只有一种可能性，她们只关心一件事：变白。第二种女性不仅要变白，而且要避免变回黑色。一个混血女人嫁给黑人丈夫，还有什么能比这更不合理？因为，我们必须理解，这可是拯救种族的大问题。

由此产生了妮妮的大问题：一个黑人竟胆敢向她求婚，竟有胆给她写求爱信：

> 我对你的爱纯洁而强烈，绝不是只想用谎言和幻想来欺骗你的虚假温情……我想看到你快乐，无比幸福地生活在一个衬得上你品性的地方。我相信，我懂得如何欣赏你的珍贵品质……回家时能看到你，把身心都奉献给你，我想这是最高的荣誉和最大的幸福。你的魅力会照亮我的屋宇，把光照进最黑暗的角落……而且，我想你是有教养的，断不会残忍地拒绝为了你的幸福而献上的忠贞爱情。[2]

最后这句话不应使我们感到惊讶。通常，混血女人应

---

① Européen.

② Sadji, "Nini", *Présence Africaine*, (No. 2), p. 286.

该毫不留情地拒绝如此放肆的黑人。但是，因为她是个文明人，她不会允许自己只看对方的肤色而不注重爱的忠诚。阿布杜莱·萨季如此描述马克塔（Mactar）：“他是一个理想主义者，坚定地提倡无限进步。他仍然相信人的善意与真诚，他总是认为，只要有美德，必然会战胜一切事物。”①

马克塔是谁？一个已获得学士学位的河流管理部门的会计师，正在追求一位小速记员。她虽然不太精明，却有着最无争议的品质：她几乎就是个白人。因此他必须为自己的冒昧追求而道歉：“这简直是傲慢至极，他也许是第一个敢试着这么干的黑人。”②

一个黑人胆敢向白人献爱，就必须为此道歉。在勒内·马朗（René Maran）的书中，我们再次发现了这类情况：黑人男性在与白人女性相处时，或者说在比他白的女性的关系中，表现出恐惧、怯懦与谦卑。正如马伊奥特可以忍受她的主人安德烈的一切，马克塔也准备出卖自己的灵魂，把自己变成混血儿妮妮的奴仆。但等待这个无礼之徒的，是公堂上的指控。混血儿认为他的信侮辱了她作为“白人姑娘”的名誉。这黑人是个需要教训的白痴、恶棍和无知的家伙。她准备给他一个教训；她将教会他多些礼

---

① Sadji, “Nini”, p. 281 - 282.

② *Ibid.*, p. 281.

貌，少些无耻；她会让他明白，“白皮肤”不是为了“布格努尔”[①] 而生的。

整个混血儿“社会”了解情况后，齐声应和了她的愤怒。有人说要把这件事告上法庭，让那个黑人受到刑事指控。“人们要写信给公共工程部部长和殖民地总督，呼吁他们关注这个黑人的行为，把他解雇，以补偿他对道德造成的破坏。”[②]

这样违反原则的家伙应该受到阉割的惩罚。最后，人们提出要求，警方应该正式对马克塔进行谴责。“如果他继续胡闹的话，我们会让警长德鲁（Dru）将他绳之以法。德鲁可是被他的同事戏称为‘超坏白人’。”[③]

我们已经看到，一个有色人姑娘是如何对同是有色人的男性的求爱作出反应的。现在让我们探究一下白人的情况。我们再来看看萨季。他写了很长的一段话，来描写一个白人男性和一个混血儿的婚姻所引起的反应。这段话为我们的考察提供了媒介。

> 一段时间以来，圣路易一直流传着一个谣言……先是窃窃私语，谣言在混血老妇之间逐一散播，她们满是皱纹的脸上焕发光彩，呆滞的眼神有了新的光

---

① Sadji，“Nini”，p. 287. ［译注］原文为 bougnoul，是北非殖民者用来形容当地底层人而杜撰的词，一般而言，使用该词的人用其指称比自己更低下的土著。

② *Ibid.*，p. 288.

③ *Ibid.*，p. 289.

芒；然后是那些年轻的女人们，她们睁大双眼，张开厚厚的嘴唇，大声传递听来的消息，在周围引起一片惊奇。“哦，这不可能！……你怎么知道这是真的？这样的事情会发生吗？……这太棒了……简直让人激动得要尖叫！”在圣路易疯传了一个月的这些消息，是令人愉快的，比世界上一切许诺都让人高兴。它圆了所有混血姑娘伟大而光荣的梦想。这些妮妮们，娜娜们和内内特们，活在各自国家的自然条件之外。萦绕在她们每个人心中的伟大梦想，就是成为欧洲白人的新娘。可以说，她们的一切努力都是为了达到这个目的，而这几乎从未实现过。她们需要打手势示意，喜欢荒谬的炫耀，态度做作、夸张，让人厌烦，这些都是受了同一种追求伟大的狂热激情所影响。她们必须拥有白种男人，彻彻底底的白人，别无所求。几乎每个姑娘都倾其一生在等待几乎不可能的幸运降临。女人的芳华在等待中逝去，迫使她们困于黑暗的居所，在那里，梦想最终变成傲慢的顺从……

非常令人高兴的消息……公务员达利韦(Darrivey)，一个彻头彻尾的欧洲白人，正式向戴德(Dédée)求婚了，她是个混血儿，只有一半黑人血统。真是难以置信。[1]

---

① Sadji, “Nini”, p. 489.

在这位白人先生对混血姑娘表白爱意的那天，必定发生了非比寻常的事情。有一种认可，融进了这个似乎封闭的团体中。心理上的贬值、卑微的感觉及其必然结果、难见天日的绝望，通通消失了。一天天过去后，那位混血儿终于跳出奴隶阶层，翻身做主人了。

她通过自己的过度补偿行为得到了认可。她不再是想成为白人的女人；她就是白人。她进入了白人的世界。

在《黑人的魅力》（*Magie noire*）中，保罗·莫朗（Paul Morand）描述了类似的现象，不过，我们也学会了对他持保留态度。从心理学角度看，考虑以下问题可能会很有趣。受过教育的混血姑娘，尤其当她还是个学生时，会做出倍加模棱两可的行为。她说："我不喜欢黑人，因为他很野蛮。不是食人的那种野蛮，而是缺乏教养。"——抽象的观点。而当有人向她指出，有些黑人在教养方面可能比她更胜一筹，她又转身说他们长相"丑陋"——做作的观点。面对真正的黑人审美证据，她表示无法理解；有人接着向她解释这种美学标准；她鼻翼翕动，深吸了一口气，"她有选择自己丈夫的自由"。诉诸主观性，这是最后的手段。正如安娜·弗洛伊德所说，如果切断自我所有的防御机制，将其逼进绝望的境地，如果"把自我的无意识活动变为自觉意识，揭露这些防御过程，使其无效，那么，分析的结果就是进一步削弱自我，并推进病理过程”。[1]

但在戴德的案例中，自我不必防卫，因为自我的要求已经得到认可：她就要嫁给一个白人了。然而，任何事物都有两面性，有些家庭就受到了愚弄。三四个混血姑娘被混血儿追求，而她们的朋友都和白人在一起。“这被视为对整个家庭的侮辱，而且被视为一种需要补偿的冒犯。”[2] 这些家庭的最合理的野心蒙受羞辱，他们遭受的残害影响了他们的日常及生活节奏……

为了回应一种强烈的欲望，他们试图改变，试图“进化”。而这一权利却被剥夺了。不管怎么说，这个权利受到了挑战。

阐述完这些后，还有什么好说的呢？

无论是对马提尼克岛马伊奥特·卡佩西亚的讨论，还是对圣路易妮妮的论述，我们观察到了同样的过程。这是一种双边的进程，试图通过内化最初被禁止的“资本”来获得它们。正是出于自卑感，黑人女性才渴望进入白人的世界。在这种努力中，她会寻求一种现象的帮助，这种现象我们称之为情感亢奋。

这项工作是我七年观察和经验的总和。不管我的研究是在什么领域，有一件事使我感到震惊：被自卑感奴役的

---

① Anna Freud, *op. cit.*, p. 58.

② Sadji, *op. cit.*, p. 498.

黑人和同样被优越感奴役的白人，都表现出神经质的倾向。因此我开始从精神分析分类的角度来考虑他们的异化。黑人的行为使他类似于一个强迫性神经质患者，或者，如果人们愿意这么说，他的行为完全是一种情境性神经官能症。有色人总是试图抹消自己身上的个性，消灭自身存在。每当有色人发出抗议，就会产生异化。每当有色人发声谴责，也会发生异化。我们将在第六章看到，黑人被贬为低等人之后，从蒙受羞辱感到不安，到强烈表示自责，最终陷入绝望。黑人对白人，或对自己种族的态度，经常重复一系列的谵妄，常常接近病态。

有人会反对说，这里讨论的黑人没有精神病。不过，我想举出两个非常重要的例子。几年前我结识了一位黑人医科学生。他痛苦地深信，自己的真正价值没有得到认可——他解释道，这种未被认可，不是身为一个大学生，而是作为一个人。他痛苦地深信，在自己的专业领域，他永远不会作为同事被白人认可，不会作为医生被他的欧洲病人认可。在这种产生虚幻直觉，① 即最容易患上精神病的时刻，② 他会喝个烂醉。后来有一天，他入伍当了军医。他又说，自己无论如何不会同意去殖民地或在殖民地服役。他希望白人听从他的指挥。他是个领导，应该受到敬

① Dublineau, *L'intuition délirante*.

② Jacques Lacan.

畏。那正是他想要的和努力追求的：让白人像黑人那样对他。通过那种方式，他就为那个一直纠缠着他的意象报了仇：那个受了惊吓，瑟瑟发抖，在白人领主面前奴颜婢膝的黑人。

我还有一位朋友，他是法国大陆某港口的海关检查员，对游客和过境人员非常严厉。他向我解释道，"因为，如果你不厉害点，他们就会当你是可怜虫。由于我是个黑人，你可以想象我会怎么做……"

在《理解人性》（*Connaissance de l'Homme*）中，阿德勒说：

> 我们在展示案例时……通常很容易显示童年印象和实际问题之间的关系……最好制一张图表来展现……许多情况下，我们能够成功地绘制出这幅生命曲线图，即一个人在所有生命活动中所经历的精神曲线。曲线方程是这个人从孩提时代起就遵循的行为模式……事实上，我们看到的这种行为模式，其最终构型会发生一些变动，但它的基本内容是决定因素，其力量和意义自童年早期开始就保持不变，即使其与成年后环境的关系……在某些情况下会修改它。①

我们预见到，阿德勒的个体心理学将帮助我们理解有

---

① Alfred Adler, *Connaissance de l'Homme* (Payot), pp. 57 - 58.

色人所持的世界观，这也是很清楚的。既然黑人曾经是奴隶，我们的讨论也会转向黑格尔；在最后，弗洛伊德应该也能为我们的研究做出贡献。

妮妮和马伊奥特·卡佩西亚，促使我们思考的两种行为。

就没有其他的可能性了吗？

但这些都是与我们无关的伪问题。然而，我要说，如果人们确实能为自己的同胞——自由的人类提出解决问题的办法，那么每一次批评都意味着一个解决方案。

我坚持认为病害必须彻底根除。

第三章

有色人男性与白人女性

从我灵魂最黝黑的地方，穿过我心灵中黑白相间的纹路，涌动着突然变白的渴望。

我希望被认可，不是作为黑人，而是作为白人。

现在，除了白人女性，谁能让我变白？这是黑格尔没有设想过的承认形式。她爱我，就证明我配得上白人的爱情。我像白人一样被爱着。

我是白人。

她的爱，带我走上实现完满价值的康庄大道……

我迎娶白人的文化，白人的美，白人的白。

我用不安分的手抚摸那洁白的乳房时，就抓住了白人的文明和尊严，并把它们变成了我的文明和尊严。

大概三十年前，一个色如煤炭的黑人和一个“叫人发狂的”金发女郎，在巴黎的一张床上交欢，高潮时刻喊叫着“舍尔歇万岁！”当人们想起，是维克托·舍尔歇（Victor Schoelcher）推动第三共和国颁布废奴法令时，就明白了，为什么有必要对黑人男性和白人女性之间的可能关系做一些阐述。

有人会争辩说，这则轶事不是真实的；但是，故事发生了，并经过这些年流传下来，仅这一点就说明：这不是虚假的。因为这则轶事延续了一种冲突，无论显露还是潜伏，都是永远真实的冲突。它的持续，证明黑人世界参与了这一冲突。换言之，一个故事能够盛行于民间，是因为它以这样或那样的方式表达了“族群精神”。

在分析《我是马提尼克女人》和《妮妮》时，我们看到了黑人女性如何与白人男性交往。勒内・马朗有一部小说——似乎是自传，让我们试着通过它，来看看黑人男性和白人女性间会发生什么。

问题问得很好，因为让・韦纳兹（Jean Veneuse）这个人物使我们能够更深入地研究黑人的态度。问题的条件是什么？让・韦纳兹是个黑人。他出生在安的列斯群岛，在波尔多住了许多年，所以他是个欧洲人。但他的皮肤是黑色的，所以他又是个黑人。这就是矛盾所在。他不了解自己的种族，白人也不了解他。而且，他观察到，“一般的欧洲人，特别是法国人，并不只是简单地忽视殖民地的黑人，他们总是否定塑造成欧洲人形象的黑人”①。

作者的个性并没有像人们所想的那样轻易地显现出

① René Maran, *Un homme pared aux autres* (Paris, Ed. Arc-en-ciel, 1947), p. 11.

来。他是个孤儿，被送到省立寄宿学校读书，假期也被迫在那里度过。人们随便找个借口，把他的朋友和熟人分散送往法国各地，而这个小黑人却被迫习惯了孤独，他最好的朋友就是他的书本。说得极端一点，在作者为我们提供的一长串的——过于长的——“旅伴”名单中，明显透露出某种指责、某种怨恨和僭越式的攻击：我说这是极端的，但是，这正是我们必须走的极端。

无法被同化，也无法被忽视，他就通过与死者，或至少是缺席者交流的方式来安慰自己。而且他的交往圈不同于他的生活，可以超越几个世纪以来与海洋的隔阂。他的交谈对象包括：马可·奥勒留（Marcus Aurelius）、儒安维尔（Joinville）、帕斯卡尔（Pascal）、佩雷斯·加尔多斯（Pérez Galdós）、拉宾德拉纳特·泰戈尔（Rabindranath Tagore）。如果必须给让·韦纳兹贴一个标签，那我们会说，他是一个内向的人；其他人可能会说，他是个多愁善感的人，不过，这个感伤主义者在思想和知识上都不甘落后。事实上，他的朋友和同学都很尊敬他：“好一个坚持梦想的人！你要知道，我的老朋友韦纳兹真是了不起。除了记笔记，他的眼睛从不离开书本。”①

他会唱西班牙语歌曲，会做英文翻译，还是个一刻也不得闲的感伤主义者。他很腼腆，也很不安：“我要离开

---

① René Maran, *Un homme pared aux autres*, p. 87.

他们时，听到迪夫朗德（Divrande）对他说：‘韦纳兹是个好小伙，话不多，似乎喜欢悲伤与安静，但他总是乐于助人。你可以信任他。你迟早会看到的。他是值得许多白人效仿的那种黑人。’”①

他确实透着不安和焦虑。一个无法逃出自己身体的、心怀忧虑的人。我们从其他资料中知悉，勒内·马朗热爱安德烈·纪德（André Gide）。我们似乎可以在《和其他人一样》（*Un homme Pareil aux autres*）与纪德的《窄门》（*La Porte étroite*）这两部作品的结局找到相似之处。这种背离，这种情绪化的痛苦语调，还有在道德上不留余地的语气，似乎是热罗姆（Jérôme）和阿丽莎（Alissa）两人故事的回响。

但事实依然是：韦纳兹是个黑人。他是一只喜爱孤独的熊，是个沉思者。当某个女人试图与他调情，他说："你想招惹像我这样的老熊吗？小心点，亲爱的。有勇气固然是好事，但是，如果你继续这样引起人们的注意，你会沦为别人话柄的。一个黑人？太不体面了——为人不齿。和那个种族的人来往只会让你颜面尽失。"②

总之，他想向他者证明，他是一个人，和他们平等。但是，我们不要被误导：让·韦纳兹才是那个需要被说服

---

① René Maran, *Un homme pared aux autres*, pp. 18 - 19.

② *Ibid.*, pp. 45 - 46.

的人。他那同欧洲人一样复杂的灵魂深处，依然存在着怀疑。如果可以的话，我们说，让·韦纳兹是只待宰的羔羊。来证明一下。

在引用司汤达（Stendhal），并提及其描述的“结晶”现象后，他宣称，他爱

> 安德莱，在精神上把库朗热（Coulanges）夫人当作她，肉体上则把克拉丽丝（Clarisse）当作她。简直是疯了。可是事实就是如此：我爱克拉丽丝，我爱库朗热夫人，尽管我从未真正关心过她们。对我而言，她们只是一个用来欺骗自己的借口。我通过她们研究安德莱，并开始用心地了解她……我不知道。什么都不知道。我不想去了解什么；或者说，我只了解一件事：黑人是人，与其他人一样，是平等的人。他的心，与最最复杂的欧洲人的心一样复杂，只有无知的人才认为它简单。[①]

因为黑人的简单是缺乏洞见者编造的瞎话。“我爱克拉丽丝。我爱库朗热夫人。我真正爱的人，是安德莱·马里埃尔（Andrée Marielle）。就她一个，再没有别人。”[②]

谁是安德莱·马里埃尔？你知道的，她是诗人路易·马里埃尔（Louis Marielle）的女儿。但是现在你看，这个

---

① René Maran, *Un homme pared aux autres*, p. 83.

② *Ibid.*, p. 83.

黑人“通过智慧与勤奋努力，将自己提升到欧洲思想和文化的水平”①，却无法摆脱他的种族。

安德莱·马里埃尔是白人；似乎不存在可能的解决办法。然而，佩奥特（Payot）、纪德、莫雷阿（Moréas）和伏尔泰好像抹去了那一切。让·韦纳兹满怀诚意地“相信那个文明，让自己爱上这个新世界，他发现并征服了它，以供自己所用。他犯了一个多大的错啊！长大之后，他去往祖先所在的土地，却是为他入籍的国家效力，这足以令他怀疑，是否周遭的一切背叛了自己，因为白人不把他当成自己人，而黑人实质上也否定了他”。②

让·韦纳兹感觉到，没有爱，生命就不能够存在。他继续梦想着爱会变成现实。他继续梦想着爱，并写下诗句：

当男人陷入爱情，定不能倾吐；

还是将其收起，仿佛遗忘。

安德莱·马里埃尔致信向他表明爱意，但让·韦纳兹需要获得批准。得有个白人对他说：“我把她交给你。”这是最基本的条件。韦纳兹对他的朋友库朗热提了许多问题。下面多少算是库朗热的回答：

老同学（库朗热使用了英语表达），

---

① René Maran, *Un homme pared aux autres*, p. 36.

② *Ibid.*, p. 36.

你又一次向我提出了问题，我也再次告诉你我的看法——这是最后一次。我们条分缕析地来捋一捋。你的情况，如你向我解释的，已非常清楚了。不过，还请允许我做一些澄清，这对你有好处。

你离开家乡去法国的时候，有多大了？三四岁吧。从那以后，你再也没见过你的故乡，也没兴趣回去看看它。你一直住在波尔多，后来你成了殖民地官员，波尔多就是你度过大部分假日的地方。总之，你就是我们中间的一员。也许你还没有完全意识到这个事实。那样的话，就接受你是来自波尔多的法国人这一事实吧。把这个想法记在你的脑海里。你对你的安的列斯群岛同胞一无所知。如果你能设法和他们交流，我会感到惊奇的。而且，我认识的那些安的列斯人，和你毫无相似之处。

其实你像我们——你就是“我们”，你有我们的思想，你按我们的行为行事。你认为自己——别人也认为你——是黑人？完全错了！你只是看起来像黑人。至于其他方面，你像欧洲人一样思考。所以，很自然的，你也像欧洲人一样陷入爱情。既然欧洲男人只爱欧洲女人，那你几乎只可能娶一个你一直生活在其中的那个国家的女人，一个来自我们古老法国的女人，那才是你真正的唯一的祖国。既然如此，我们就谈谈你最近来信的主题吧。一方面是和你兄弟般相似的黑人让·韦纳兹，另一方面是白皮肤的安德莱·马里埃尔小姐，她爱上了肤色深棕且爱慕着她的让·韦纳兹。这都不能阻止你问我该怎么办。你这个出色的傻小伙……

等你一回法国，就跑到那个爱上你的姑娘的父亲面前，拿拳头狠狠地敲打心口，对他喊："我爱她，她爱我，我们彼此相爱。她必须嫁给我。否则我即刻就在这里自杀！"①

黑人直接提出请求后，白人同意把自己的姐妹嫁给他，但有一个条件：你和真正的黑人没有任何共同点。你不是黑人，你是"深棕色"的。

在法国，这个程序对于有色人学生来说是相当熟悉的。社会拒绝承认他们是真正的黑人。黑人是野蛮的，而学生是文明的。"你是'我们'"，库朗热这样告诉他；如果有人认为你是个黑人，那他就错了，因为你只是看起来像而已。但让·韦纳兹不想这样。因为他知道，他不能接受这一点。

他知道"被这种侮辱性排斥激怒的混血儿和黑人，自从到达欧洲的那一刻起，就只有一个想法：要满足自己对白人女性的渴望"。

他们中的大多数人，包括那些浅色皮肤、走向极

---

① René Maran, *Un homme pareil aux autres*, pp. 152 - 154.

端否认自己国家和母亲的人，在欧洲结婚往往不是出于爱，而是为了获得征服一个欧洲女人的满足感；这是带有强烈的骄傲的复仇意味的婚姻。

因此，我想知道，是否我的情况与他们不同；是否我娶了你这个欧洲人，就不会表现出对同种族女性的蔑视，最重要的是：是否我就不会表现出对白人肉体的渴望。只要白人男性还在统治世界，对于我们黑人而言，对白人肉体的渴望就是禁忌。因此，在我没有意识到的情况下，我正试图在一个欧洲女人身上，为了她的祖先对我们所做的一切而进行报复。①

要让自己摆脱纯粹主观的冲突，是多么的艰难啊。我是白人，出生在欧洲，我所有的朋友都是白人。在我居住的城市，黑人的数量不足8个。我用法语思考，法国就是我的宗教。我是欧洲人，你明白吗？我不是黑人，为了向你证明这点，我要作为一个公职人员，向真正的黑人展示我和他们之间的区别。再把这本书读一遍，你就会相信的：

是谁在敲门？啊，我知道了，当然是他。
“是你吗，苏阿（Soua）？”
“是的，少校。”
“什么事？”

---

① René Maran, *Un homme pared aux autres*, p. 185.

"点名完成，少校。5 个守卫，17 个犯人——所有人都在。"

"有什么新情况吗？有没有新信件？"

"没有，少校先生。"①

韦纳兹先生有几个本地的送信人，家里还有个年轻的黑人姑娘。对那些因他离去而伤感的黑人，他觉得自己唯一要说的就是："回去吧，回去吧。你看……离开你们，我感到难过。请现在就回去吧，我不会忘记你们。我要离开，只是因为，这里不是我的国家，我在这里感到很孤单、很空虚，缺少慰藉，我需要它，但你们很幸运，还没有这样的需求。"②

当我们读到这样的段落时，不禁会想起菲利克斯·埃布埃（Félix Eboué）。毫无疑问，他是个黑人，但在同样的情况下，他对自己的职责有不同的看法。让·韦纳兹不是黑人，也不想做黑人。然而，一条鸿沟已经不知不觉地产生了。有一些难以确定、不可逆转的事物，确实就是哈罗德·罗森堡（Harold Rosenberg）所说的"内部事物"③。

路易-T. 阿希尔（Louis-T. Achille）在提交给 1949 年种族间会议（Rencontres inter-raciales de 1949）的报告中称：

---

① René Maran, *Un homme pared aux autres*, p. 162.

② *Ibid.*, p. 213.

③ Harold Rosenberg, "Du Jeu au Je, Esquisse d'une géographie de l'action", *Les Temps Modernes* (Avril, 1948), p. 1732.

> 就真正意义上的跨种族婚姻而言，人们有理由好奇，对于有色人配偶，这种婚姻在多大程度上，可能并不代表一种在他本人身上以及心中抹消肤色偏见的主观献祭（consécration subjective），长久以来他深受这种偏见之苦。在一定数量的案例中研究这一点，可能会很有意思。也许，可以在这种模糊的动机中，寻找在幸福家庭的正常条件之外发生某些跨种族婚姻的根本原因。一些男人或女人，选择与阶层或文化程度低于自己的另一种族的人结婚，而在自己的种族内，他们是不会选择这种阶层或文化程度的人做配偶的，这种人的主要作用是保证伴侣改变本性和（用一个讨人厌的词）"去种族化"。在一些有色人当中，他们与白人结婚这一事实，似乎盖过了所有其他考虑。在这个事实里，他们找到了与那个杰出的种族、世界的主人、有色人的统治者完全平等的途径……[①]

我们知道，在历史上，黑人犯了与白人女子性交的罪行，是要被阉割的。黑人占有白人女性，会使自己成为同族人的忌讳。在头脑中编造一出性爱戏剧是一件易事，这正是《雷默斯大叔》（*l'oncle Rémus*）原型的终极目的：布勒兔（Frère Lapin）代表黑人。他能不能与梅多斯（Meadows）夫人的两个女儿成功上床呢？这个故事跌宕起

---

① *Rythmes du Monde*（1949），p. 113.

伏，是由一个笑呵呵、好脾气又随性的黑人讲述的，他总是带着微笑给人服务。

在我渐渐步入活力四射的青春期的那段时间，我有幸看到一个刚从法国回来的老朋友，怀里还搂着一个巴黎姑娘，这使我感到吃惊。我将在专门的章节中分析这个问题。

最近和几个安的列斯人谈话后，我发现，那些到达法国的人最关心的，就是跟白人女性上床。船一停靠勒阿弗尔，他们就出发去找女人了。这个成为“真正”男人的成年仪式一旦完成，他们就要乘坐火车前往巴黎。

不过，这里重点研究的是让·韦纳兹。为此，我将在很大程度上依赖热尔梅娜·盖克斯（Germaine Guex）在《被遗弃的神经病患者》（*La évrose d'abandon*）中的研究。[①]

将她所说的“遗弃型神经官能症”——本质上是前俄狄浦斯情结——与正统的弗洛伊德追随者们所描述的真正的后俄狄浦斯情结冲突进行对比，盖克斯博士分析出两种类型，其中第一种类型似乎能说明让·韦纳兹的困境：

> 正是这三脚架式的症候——即每一次遗弃带来的痛苦、其导致的侵略性和从中产生的自我贬值——支撑起了这种神经官能症的全部症状。[②]

---

① Germaine Guex，*La Névrose d'abandon*（Paris，Presses Universitaires de France，1950）.

② *Ibid.*，p. 13.

我们把韦纳兹塑造成了内向的人。根据性格学——或更恰当些，现象学——我们得知，内向型思维可以依赖于原发性内向。[1]

> 消极进攻型的病人沉迷于过去以及过去的挫折、隔阂与失败，他们身上的这种强迫症使其丧失对生活的热情。通常他们比积极爱恋型的人更内向。他总爱追溯过去和现今的不如意，在心中建立起一块因苦楚和幻灭而生的怨恨的秘密区域，这往往会导致一种自闭症。但与真正的自闭症患者不同，遗弃型神经官能症患者意识到这个秘密区域，他培养它，并保护它不受任何侵扰。这比第二种（积极爱恋型）神经官能症更加以自我为中心，他从自己的角度来看待一切事物。他几乎没有利他的能力：他的侵略性与对复仇的持续需求抑制了自己的冲动。他的自我封闭使他找不到任何积极的经验可以弥补过去。因此在这种情况下，他极其缺乏自尊，也因此在感情上极其缺乏安全感；最终，在与生活和人的关系上产生了巨大的无力感，以及对责任感的完全排斥。他者背叛了他，挫败了他，而他正希望通过这些他者来改变自己的命运。[2]

描述得极好，让·韦纳兹的特征与此完全相符。因

① E. Minkowski, *La Schizophrénie* (Paris, Payot, 1927).

② Germaine Guex, *op. cit.*, pp. 27 - 28.

为，他告诉我们："长大之后，我去往我祖先的土地，为我入籍的国家效力，这足以令我怀疑，*我是否未被周遭的一切所背叛*，[①] 因为白人不把我当成自己人，而黑人实质上否定了我。这正是我的境况。"[②]

他的态度是对过去的指责，对自我的贬低，也是一种无能，即无法像他渴望的那样被理解。再听听让·韦纳兹怎么说：

> 谁能描绘年幼的霍屯督们的绝望？他们的父母想让他们成为真正的法国人，把孩子早早送去法国。一天天过去，这些本该自由快乐的孩子，被关在寄宿学校里。他们的父母流着泪说："这都是为你好。"
>
> 我就是这些间歇性孤儿中的一员，我将一生为此痛苦。7 岁时，我被转去了一所气氛压抑的偏远学校……无数应当让童年和青春期充满欢乐的游戏，也不能让我忘记痛苦。正是在这种教育中，我的性格变得忧郁，害怕社交。现在，这种恐惧甚至抑制了我最轻微的冲动……[③]

但他还是希望被人们包围。他不喜欢被遗弃。学校放假时，所有男孩都回家了，他孤独地——注意"孤独"这

---

① 楷体为笔者所加。

② Germaine Guex, *op. cit.*, p. 36.

③ *Ibid.*, p. 227.

个词——留在那所空荡荡的白色学校里……

> 哦，那孩子满脸的泪水无人擦拭……他不会忘记，自己如此年少就学会与孤独相伴……在离群索居的日子里，我过早地学会了冥想和沉思。一个孤独的生命最终被琐事深深打动——它使我的内心变得极度敏感，却没有能力表达自己的喜悦与悲伤，所以我拒绝一切心爱的东西，无视所有吸引我的事物。①

这是怎么回事？存在两个过程。我不想被爱。为什么不想被爱？因为很久以前，我尝试过与别人建立关系，但被抛弃了。我从未原谅过我的母亲。因为我被抛弃了，我要让别人受苦，而被我遗弃，就是我对复仇需求的直接表达。我要去非洲：我不想被爱，我要远离爱的对象。热尔梅娜·盖克斯把这称为“为了证明而证明”。我不想被爱，我采取守势。如果对方坚持，我会明确地说：“我不想被爱。”

自我贬低？的确是的。

> 这种不尊重自己，认为自己不值得爱的后果是严重的。一方面，它使人内心深处感觉不安，从而抑制或歪曲与他人的关系。他不确定自己是否有权唤起同情或爱。情感上自我评价的缺乏，只存在于那些童年

---

① Germaine Guex, *op. cit.*, p. 228.

时期缺乏爱和理解的人身上。[1]

让·韦纳兹渴望像其他人一样，但他清楚这种渴望的虚假性。他像个乞丐，他寻求和解，在白人眼中寻求许可。因为对他而言，白人就是那个“他者”。

> 情感的自我拒绝，总是给遗弃型神经官能症患者带来极度痛苦而又强制性的排斥感，他感到无处可去，在情感上到处都是多余的……在遗弃型神经官能症患者的言语中，我反复听到“我是他者”这样的表达。成为“他者”，就是感觉自己总是处在一个不稳定的位置，总是处于戒备状态，准备着被拒绝……无意识地做了一切事情，却引来这场灾难。
>
> 人们无法想象，伴随这种遗弃状态而来的痛苦，是多么强烈。这种痛苦在某种程度上与童年时期第一次被抛弃的经历有关，并使他们重又获得全部的力量……[2]

遗弃型神经官能症患者需要证据。他对孤立的陈述感到不满，缺乏信心。在形成一种客体关系之前，他需要对方再三做出保证。这种态度的本质是“为了避免被抛弃而不去爱”。这类遗弃型神经官能症患者无法被满足，因为他宣称有权获得持续的补偿。他想要完全、绝对、永远地

---

① Germaine Guex, *op. cit.*, pp. 31 - 32.
② *Ibid.*, pp. 35 - 36.

被爱。看：

> 最亲爱的让，
>
> 我今天才收到你去年七月的来信。这简直是疯了。为什么要这样折磨我？你真是无比的残忍——你意识到这个事实了吗？你让我快乐，又让我焦虑。你把我变成最幸福的女人，同时又让我成为最不快乐的女人。我要告诉你多少次：我爱你，我属于你，我在等你！快回来吧。[1]

遗弃型神经官能症患者最终离去了。他被召唤回去。有人需要他。有人爱他。然而，这是怎样的幻想啊！她真的爱我吗？她有没有客观地看待我？

> 一天，来了一个人，他是内德老爹（papa Ned）的好朋友，从未见过蓬塔蓬特（Pontaponte）。他来自波尔多。但是天啊，他真脏！老天，内德老爹的好朋友竟然这么丑！他长了一张丑陋的黑脸，黝黑的，这表明，他肯定不怎么洗脸。[2]

让·韦纳兹急切地为他的“灰姑娘情结”寻找外部原因，他把所有的种族成见投射在一个三四岁的孩子身上。他对安德莱说：

---

① Germaine Guex, *op. cit.*, pp. 203 - 204.

② *Ibid.*, pp. 84 - 85.

告诉我，亲爱的安德莱……不管我是什么肤色，如果我向你求婚，你愿意嫁给我吗？[①]

他对此非常怀疑。在这个话题上，热尔梅娜·盖克斯这样说：

第一个特征似乎是：害怕展现真实的自己。这是一个包含各种恐惧的宽广地带：害怕让人失望，害怕使人不快，害怕叫人厌烦……因此害怕失去与他人建立交感联系的机会，或者，如果这种联系已然存在，害怕对其造成损害。遗弃型神经官能症患者怀疑他是否可以被爱，因为他有过被遗弃的残酷经历，那时他还是个孩子，待人真诚，毫不做作。[②]

然而，让·韦纳兹并非过着一种没有补偿的生活。他摆弄艺术，阅读广泛，探讨苏阿雷斯（Suarès）的文章时相当有见地。热尔梅娜·盖克斯也对此做过分析："这个消极的进攻者禁锢在其自身及其做作的矜持中，用持续失去的一切，或者用其被动性使其缺失的一切，来滋补自己无法弥补的失落感。……因此，在其学术生活或职业[③]等特权领域之外，他怀有根深蒂固的无用感。"[④]

---

① Germaine Guex, *op. cit.*, pp. 247 - 248.

② *Ibid.*, p. 39.

③ 楷体为笔者所加。

④ *Ibid.*, p. 44.

这分析目的何在？完全是为了向让·韦纳兹证明，他实际上与其他人不一样。让人们为他们的存在感到羞愧，萨特如此说道。是的，教他们意识到之前禁止自己实现的那些潜力；教他们意识到自己只在某些境况下才展示的被动性，在这些情况下，人们需要做的就是像一块裂片，使自己紧靠世界的中心，如有必要，去打破世界的节奏，去扰乱命令的束缚，但无论如何最肯定的是：去勇敢地面对世界。

让·韦纳兹是精神生活的斗士。当他再一次与安德莱相见，与自己日思夜想、盼望已久的这个女人面对面时，他在沉默中寻找庇护，这是那些“懂得如何做作地谈话和行动的”人富有表现力的沉默。

让·韦纳兹是一个神经官能症患者，我们对他的肤色进行分析，只是尝试解释他的心理结构。就算客观差异不存在，他也会无中生有地制造出来。

让·韦纳兹是那种只从思想层面上表明立场的知识分子。他无法与他的同胞建立任何更具体的联系。人家对待他是否亲切、和善、人道？只是因为他偶然发现了一些仆人的秘密。他“了解那些人”，而且提防着他们。

> 我的警惕，如果能这么说的话，是一种安全制动装置。我礼貌、朴实地欢迎别人接近我，我接受别人给我买的酒，也买酒回赠别人，我参与甲板上的社交游戏，但不会允许自己被别人的好意所蒙蔽。我对这

种过分的热情抱持怀疑态度，因为这种热情过快地取代了此前试图将我孤立的敌意。①

他接受美酒，但会买其他东西回礼。他不想对任何人负有义务。如果不回赠，那他就是一个黑鬼，同其他黑鬼一样，不懂回报。

某人是不是很刻薄？只因为他是个黑人，所以人们不可能不鄙视他。好的，我很清楚，让·韦纳兹，又名勒内·马朗，不过是个黑皮肤的遗弃型神经官能症患者。他被放回原位，回归他的本位。他是一个需要从幼稚的幻想中解放出来的神经官能症患者。我认为，让·韦纳兹并不能代表典型的黑人—白人的关系，而是代表了一个神经官能症患者的某一种行为模式，只是他恰好是个黑人。因此我们的研究目的更加明确：通过具体的实例，使有色人能够了解自己疏离其他黑人同胞的心理因素。我将在描述现象学的章节中进一步强调这点，但请记住，我们的目的是：使黑人和白人有可能进行良性的交往。

让·韦纳兹很丑陋。他是个黑人。还需要说明什么呢？如果你重读热尔梅娜·盖克斯的不同论述，就会相信《和其他人一样》的书里满是假象，它试图将两个种族的关系建立在一种病态机体之上。下面这个观点可能没有争议：在精神分析领域，如同在哲学领域一样，只有对于那

① Germaine Guex, *op. cit.*, p. 103.

些能够超越神话的人而言，有机体的或是构成性的东西才是一个神话。从摸索启发式的观点来看，我们必须完全否认有机体的存在，但事实依然是：有些人千方百计地要去适应预先确立的类属。而且我们对这个事实无能为力。或者反过来，我们也可以做点什么。

早些时候我提到了雅克·拉康（Jacques Lacan），我并不是随意讲到他的。他在1932年提交的论文中，猛烈抨击了构成性的概念。显然我背离了他的结论，但是我的不同见解或许可以被理解，如果大家能记起我使用结构性概念替代法国学派所主张的构成性概念的话。这种结构概念“包括无意识的精神生活，我们只能够了解它的一部分，尤其是那些束缚和压抑的形式。因为，这些要素在每个心理个性特有的组织中，发挥着积极的作用”①。

经过考察，我们看到，让·韦纳兹显示出消极进攻型的遗弃型神经官能症结构。人们可以从反应性的角度，即通过人与环境的相互作用来解释这一点，并规定一种新环境、一种“氛围的改变”作为应对方法。在这种情况下，可以恰当地观察到，结构保持不变。让·韦纳兹为自己规定的环境变化，不是为了确定自己是个人；他并不把形成健康的世界观作为目的；他没有朝着生产性（productiveness）这一心理平衡特征而奋斗，而是反过来寻求加强他的外化

① Germaine Guex, *op. cit.*, p. 54.

性神经官能症。

个体的神经官能症结构只是自我内部的冲突集群的细化、形成及爆发。冲突集群部分源于环境，部分出于纯粹的个人对这些影响的反应方式。

正如这一尝试——从妮妮和马伊奥特·卡佩西亚的行为中推导出黑人女性对待白人的一般规律——中带有一丝欺骗性，我认为，如此这般地试图放大韦纳兹对有色人的态度同样有失客观。我想，我已经劝阻了一切将韦纳兹的失败与他表皮的黑色素浓度进行关联的努力。

这种性神话——对白人肉体的求索——在异化心理中长存不朽，绝不能再允许它妨碍人与人之间的积极理解。

我的肤色绝不应当被视为缺陷。欧洲人将种族间的分离强加于黑人，自从黑人接受这分离的那一刻起，他就再无喘息之机。而且，“自那以后，他努力把自己提升到白人的水平，这难道不是可以理解的吗？他认为等级制度归属于肤色范围，在此范围内提升自己的级别，这难道不也是可以理解的吗？”①

我们将会看到，或许有另一种解决方案。它意味着对世界的重构。

---

① Claude Nordey, *L'homme de couleur*（Paris, Coll. “Présences”, Plon, éd., 1939）.

第四章

所谓的被殖民者的依附情结

世上既无受私刑的可怜人，也无被折磨的不幸者。我就在这些受苦者之中，未受辱，未被杀。

——艾梅·塞泽尔，《狗默不作声了》（*Et les chiems se taisaient*）

在我着手开展这项研究时，只有马诺尼先生在一份名为《心灵》（*Psyché*）的期刊上发表的几篇文章可供参考。我想写信给马诺尼先生，就他在研究中得出的结论向他请教。后来我才知道，他已将自己的观点汇总成书，即将出版。如今该书已经问世，其名为：《殖民心理学》（*Psychologie de la colonisation*）。我们来研究一下。

在进入细节之前，我要言明：其分析性思维是可靠的。由于马诺尼先生亲历过殖民地环境中固有的极端矛盾的心理，他成功地把握了那些支配着被殖民者和殖民者之间关系的心理现象——可惜过于详尽。

当前心理学研究的基本特征，似乎是取得某种穷其尽的成果。但是，我们不应忽视现实。

我想说明的是：尽管马诺尼先生用了225页的篇幅讨论殖民地形势，但他并不了解其真实状况。

当人们在讨论像两个不同民族之间的理解有何种可能性这样重要的问题时，应当加倍小心。

我们得感谢马诺尼先生在论述过程中引入了两个要点，其重要性再也不会被人忽略了。

一种敏锐的分析似乎规避了这个领域中的主观性。马诺尼先生的研究目的是真诚的，因为它试图证明：我们只有在接受或否定某种既定情境的能力范围之内，才可能对人类作出解释。殖民主义问题不仅包含客观历史条件的相互关系，而且涵盖人类对这些条件的态度。

我也认同马诺尼先生作品中有意呈现冲突病理的那部分内容——那些内容表明：白人殖民者的动机，只是想在阿德勒式过度补偿的层面上，结束一种不满情绪。

同时，当我读到这样的句子——“当一个成年马达加斯加人在一种不同的环境中被孤立，他可能极易产生那种典型的自卑情结，这一事实无疑证明，这种情结自幼就萌生、蛰伏在他们心中。”① ——时，我并不认同他的说法。

① O. Mannoni, *Psychologie de la colonisation* (Ed. du Seuil), p. 32.

你在读这句话时，会感到有些事情完全颠倒了，作者的“客观性”可能会诱人犯错。

尽管如此，我还是积极地试图回溯他的思路方向，也就是该书的基本主题：“其主要观点是，‘文明人’和‘原始人’的对抗产生了特殊的殖民局面，并因此产生了大量错觉与误解，只有精神分析可以为其做出诊断和定义。”①

现在问题来了。既然这是马诺尼先生的出发点，他为何要把自卑情结建构成先于殖民化的事物呢？在这里，人们看到了一种解释机制，它基于精神病学向我们做出如下解释：精神病具有潜在形式，因创伤经历而变得明显。又或者，它基于躯体医学做出如下解释：病人出现静脉曲张，并不是因为他每天被迫站立10个小时，而是因为他的静脉壁天生就有缺陷；劳动条件只是使情况复杂化的一个因素。负责此类劳动事故保险赔偿的专家会发现，雇主的责任极其有限。

在详细探讨马诺尼先生的结论之前，我要明确自己的立场。我将最后一次声明以下原则：一个特定的社会，要么是种族主义的，要么不是。在我们能够获得所有证据之前，许多问题必须先搁置一旁。比方说，法国北部比南部的种族主义更严重；种族歧视是下层人的事，因此统治阶级绝不参与其中；法国是全世界种族主义程度最不严重的

① Cf. p. II de la couverture. ——楷体为笔者所加。

国家。以上这些，都是因为一些人无法清晰思考而得出的论断。

为了向我们说明种族主义并不反映经济形势，马诺尼先生提醒道："在南非，白人劳工同雇主及管理者一样是种族主义者，而且往往更甚于他们。"①

希望大家能谅解我的如下要求，即那些勇于描述殖民主义的人要记住一件事：试图确定一种不人道行为在哪些方面不同于另一种不人道行为，是不切实际的。我不愿让我的问题使这个原本已是问题重重的世界雪上加霜，但是，我只想问问马诺尼先生，他是否认为，对一个犹太人来说，莫拉斯（Maurras）与戈培尔（Goebbels）的反犹主义之间的差异是显而易见的。

《恭敬的妓女》（*La Putain respectueuse*）在北非的演出结束后，一位将军对萨特说："如果您的戏剧能在黑非洲上演，将是一件大好事。它说明，法国的黑人比他们的美国同胞幸福得多。"

我真心地认为，人的主观经验是可以被他人理解的；我绝不愿意宣称，黑人问题只是于我而言才成为问题，研究它是我的责任。但是确实，在我看来，马诺尼先生似乎并没有试着去切身感受有色人面对白人的绝望。在这项研究中，我力求能够传达黑人在肉体和情感上的苦难。我并

① O. Mannoni, *op. cit.*, p. 16.

不想客观地置身事外。再说，我若称自己客观，那是不真诚的：于我而言，是不可能做到客观的。

一类种族主义与另一类种族主义之间真的有区别吗？难道它们不都同样表现了人类的失败与溃败？

马诺尼先生认为，南非穷白人对黑人的蔑视，与经济因素无关。这种心态可以通过反犹心理的类比来理解——“如此，我会把反犹主义称为穷人的势利心态。事实上，富人们多半宁愿开发[①]这种激情为己所用，而非让自己沉溺其中——他们有更重要的事情要做。这种心态主要盛行于中产阶级之中，因为他们没有土地、房屋，更没有城堡……我把犹太人视为劣等的有害人，与此同时，我又肯定自己属于精英阶层。”[②] ——除开这一事实，我们可以向马诺尼先生指出，白人无产阶级对黑人无产阶级的侵害，从根本上说，是南非的经济结构造成的。

南非是什么？它是个大熔炉，250 万白人将 1 300 万黑人关押其中，并加以虐待。如果说穷白人仇恨黑人，那并非如同马诺尼先生争论的那样，是因为“种族主义是小官员、小商贩以及那些庸碌无为的殖民者的事情”[③]。不是那样的；真正的原因在于，南非的结构就是一个种族主义结构：

---

① 楷体为笔者所加。

② Jean-Paul Sartre, *Réflexions sur la question juive* (Paris, Morihien, 1946), p. 32.

③ O. Mannoni, *op. cit.*, p. 16.

在南非，**亲近黑人与博爱是贬义词**……人们的建议是：从居住区、经济和政治地位上把土著和欧洲人隔离开，允许黑人在白人的指导和准许下建立自己的文明，但尽量避免种族间的接触。据了解，当局专为黑人设立了保留地，大部分黑人必须住在那儿。

……经济竞争将被消除，这将为**占欧洲移民半数的“穷白人”恢复地位奠定基础**……

不夸张地说，大部分南非人对于任何把土著或有色人与他们相提并论的事情，几乎有一种身体上的反感。①

让我们通过回顾来总结我们对马诺尼先生论点的思考：“经济排斥的部分原因是出于对竞争的恐惧，以及保护占欧洲居民半数的穷白人阶级，以防其地位进一步降低的欲望。”

马诺尼先生继续表示：“殖民剥削同其他剥削形式并不一样，殖民种族主义与其他种族主义也不一样……”② 他谈到了现象学、精神分析以及人类的兄弟情谊，但我们更希望，他能在这些词中挖掘更具体的意义。所有的剥削形式都是相似的。它们都在某些圣经性质的法令中，寻找剥削必要性的来源。所有的剥削形式都是相同的，因为它们都

---

① R. P. Oswin, Magrath du couvent dominican de Saint-Nicholas, Stallenbosch, Afrique Australe Anglaise, *L'homme de couleur*, p. 140. ——楷体为笔者所加。

② O. Mannoni, *op. cit.*, p. 19.

作用于相同的“客体”——人——身上。如果人们试图从抽象角度来考察各种形式的剥削结构，那无非是背弃了重要而又基本的问题，即让人类复归原位的问题。

殖民种族主义同其他任何种族主义并无区别。

反犹主义令我醍醐灌顶：我被激怒了，在一场骇人的战斗中流干了血，我被剥夺了作为人的可能性。我不能把自己同那个为我兄弟同胞计划的未来撇清关系。我的每一个行动都使我承担了作为人的义务。我的每一次沉默，每一次懦弱，都显示出我是一个人。[①] 我感觉塞泽尔的话犹

---

① 写到这一点时，我脑中想的是雅斯贝尔斯的形而上学罪责的概念：

> 因为都是人，所以人与人之间存在一种团结，通过这种团结，每个人都要为世界上的每一种不公正和错误承担责任，对于那些他在场，或是他无法忽视的罪责而言，尤其如此。如果我没有竭尽所能去阻止犯罪的发生，那么，我就是这些罪行的帮凶。如果我没有冒着生命危险去阻止谋杀他者的罪行，如果我保持沉默，那么，我就会感到某种程度的罪恶，这在法律、政治或道德上都无法得到充分理解……发生这样的事情之后，我依然活着，这会作为一种无法救赎的罪恶，成为我身上的负累。
>
> 在人类关系中心的某个地方，有一个强迫人必须接受的绝对命令：在遭受犯罪袭击或生活条件威胁身体实存的情况下，为了所有人共在的目的去接受生活，否则就不要接受。（Karl Jaspers，*La culpabilité allemande* [traduit par Jeanne Hersch]，pp. 60 - 61.）

雅斯贝尔斯宣称，这种义务源于上帝。很显然，上帝与此无关。除非人们选择不做出声明，否则这种义务——即认为自己对自己的同胞负有责任——就是明确的人的实存。“负有责任”是指，即便是我最无关紧要的行为也牵涉到全人类。每一个行为都是一个回答，或是一个问题，或许二者兼具。当我表达一种特定态度——我的存在能够借此态度超越自己——时，我是在肯定自己为他人付出的行动所具有的价值。相反，在动荡历史时期所见的被动性，会被诠释为未能履行这种义务。荣格（Jung）在《当代戏剧面面观》（*Aspects du drame contemporain*）中说道，面对亚洲人或印度人，每一个欧洲人都要为纳粹犯下的罪行承担同等责任。另外一位作家，玛丽斯·舒瓦西（Maryse Choisy）女士也在《多面体之环》（*L'Anneau de Polycrate*）一书中，描写了那些在法国被占期间保持“中立”者的愧疚。他们困惑地感觉到，自己对所有的死者、所有的集中营负有责任。

在耳畔：

> 当我打开收音机，听到美国黑人被处以私刑，我说他们对我们撒谎：希特勒没有死；当我打开收音机，听闻一些犹太人受到凌辱、虐待和迫害，我说他们对我们撒谎：希特勒没有死；当我打开收音机，得知强制劳工在非洲已被合法化，我说他们肯定在撒谎：希特勒没有死。①

是的，欧洲文明及其最杰出的代表对殖民种族主义负有责任。② 我要再次回到塞泽尔：

> 然后，在一个美好的日子里，中产阶级突然受到了惊愕的打击：盖世太保又忙起来了，监狱里塞满了人，拷问者又开始围着案台推敲讨论，发明刑讯逼供的新花样。
>
> 人们震惊又愤怒。他们说："这是多么奇怪呀！但是，这只是纳粹主义，总会过去的！"于是人们等待着，期盼着。他们对自己隐瞒真相：纳粹主义是野蛮的，是最高程度的野蛮，它是野蛮之冠，盖过了日常的野蛮；是的，它是纳粹主义，但是，在他们成为纳粹主义的受害者之前，他们曾是它的同谋。那个在

① Cité de mémoire. — *Discours politiques*, Campagne électorale 1945, Fort-de-France.

② "欧洲文明及其最杰出的代表对殖民种族主义不负有责任；那都是小官员、小商人和殖民者造成的，他们不辞辛劳，却没有成就什么大业。"(Mannoni, p. 16)

> 他们沦为牺牲品之前，被他们容忍的纳粹主义，被免除了罪责，他们对它视而不见，使其合法，因为在那之前，纳粹主义只被用来对付非欧洲人。那个纳粹主义是受到人们鼓励的纳粹主义，他们应当对其负有责任。它滴漏，渗透，而后从西方基督教文明的每一个裂缝中涌出，直到汇成一个血海，将它的文明吞没。①

每当我看到一个逃亡中的阿拉伯人，穿着一身似乎专为他缝制的破烂长袍，眼神疑虑，时刻担心抓捕来临，我就对自己说："马诺尼先生弄错了。"很多次，我在光天化日之下，被警察误认成阿拉伯人而遭拦截。他们弄清我的身份后，会一脸谄媚地道歉："我们当然知道，马提尼克人和阿拉伯人是很不相同的。"我总是激烈地表示抗议，他们又告知我："你不了解他们。"确实，马诺尼先生，你错了。不然，"欧洲文明及其最杰出的代表对殖民种族主义并不负有责任"这句话，会是什么意思呢？它除了表示殖民主义是冒险家和政客的营生之外，还能是什么意思？这些"最杰出的代表"根本不把这场混战放在眼里。但弗朗西斯·让松（Francis Jeanson）说，一个国家的所有公民，对于以该国之名所做的一切，都负有责任：

① Aimé Césaire, *Discours sur le colonialisme* (Paris, Présence Africaine, 1956), pp. 14 - 15.

日复一日，那个制度在你们面前周密地制定出它的邪恶计划；日复一日，那个制度的领导者背叛你们，以法国之名，推行与你们的真切利益和最深层需求并不相关的政策……你们与某种现实保持距离，以此为傲：你们因此给了那些免受最不良环境影响的人以自由，因为他们通过自己的所作所为，创造了这些环境。很明显，如果说你们成功地使自己免受污染，那是因为，其他人在你们的位置上污染了自己。你们雇佣暴徒，若要清算总账，你们才是真正的罪犯：如果不是因为你们，如果不是你们的无视与冷漠，这些人不可能做出既使你们受到谴责，也令他们自己蒙羞的行为。①

刚才我说了，南非存在一个种族主义结构。现在，我要推进一步说，欧洲也有一个种族主义结构。很明显，马诺尼先生对这问题不感兴趣，因为他说过："法国无疑是世界上种族主义思想最不严重的国家。"② 我优秀的黑人朋友们，为你们是法国人而感到高兴吧，即便这有些艰难，因为，你们的美国同胞比起你们的境况要差得多……法国是个种族主义国家，因为，关于黑鬼坏蛋的神话是集体无意识的一部分。我们稍后会在第六章证明这一点。

---

① Francis Jeanson, "*Cette Algérie conquise et pacififi ée ...*", *Esprit* (Avril, 1950), p. 624.

② O. Mannoni, *op. cit.*, p. 31.

不过，我们还是继续来看马诺尼先生的论述：

> 因此，事实上，只有那些在另一种肤色群体中形成少数群体的人，才会产生与肤色有关的自卑情结。在一个类似马达加斯加人那样的同质共同体中，社会结构仍相当牢固，其成员只有在非常特殊的情况下才会产生自卑情结。[①]

我们再次要求这位作者更加谨慎些。殖民地的白人可从未觉得自己在任何方面低人一等；马诺尼先生说得很好："他要么被奉若神明，要么遭吞噬毁灭。"殖民者虽然属于"少数群体"，但并不认为这使自己低人一等。马提尼克岛上有 200 个白人，他们都认为自己优于 30 万有色人。南非有 200 万白人和近 1 300 万土著，却从来没有一个黑人感到自己优于少数白人群体成员。

阿德勒的研究以及昆凯尔（Kuenkel）同样有意思的发现，解释了某些神经官能症行为，但我们不应从这些研究发现中推断出可应用于极度复杂问题的规律。被殖民者的自卑感，是与欧洲人的优越感相关联的，我们要鼓足勇气坦陈：正是种族主义者制造了他的自卑感。

这个结论将我们带回到萨特：

> 犹太人之所以是犹太人，是因为别人认为他是犹

① O. Mannoni, *op. cit.*, p. 108.

太人。这是个简单的真理，我们必须从这一点出发……正是反犹主义者制造了犹太人。①

马诺尼先生向我们讲述的特殊情况会是什么样子呢？很简单，在这些例证中，受过教育的黑人突然发现自己被一种文明抛弃了，而他们已然吸收了这种文明。所以，结论会是这样的：马尼诺先生笔下真正典型的马达加斯加人表现出“依附行为”，在此范围之内，一切都最好不过了；但是，如果他们忘了自己的位置，想和欧洲人平起平坐，那些欧洲人就会感到愤然，就要驱逐这些自命不凡的人——在这种特殊情况下，这些马达加斯加人会用自卑情结来偿付自己拒绝依赖的代价。

先前，我们在马诺尼先生的某些陈述中，发现了一个最不具危险性的错误。他让马达加斯加人在自卑和依附之间进行选择。除了这两个解决方案，别无其他救赎之道。“当他（马达加斯加人）成功地与高等人建立了（依附）关系，他的自卑就不再妨碍他：万事大吉；如果他没能建立起这种联系，如果他的安全缺失感没能以这种方式得到缓解，他就会经历一种危机。”②

马诺尼先生的首要关切是：批判各种将注意力转向原始民族的人种学家迄今为止都在采用的方法。但是，我们

① Jean-Paul Sartre, *op. cit.*, pp. 88 - 89.

② O. Mannoni, *op. cit.*, p. 61.

看到，这种批评应当用于他自己的论著。

马诺尼先生把马达加斯加人封闭在他们自己的习惯之中，对他们的世界观做出单方面的分析，在一个封闭圈中对马达加斯加人进行描述，他注意到马达加斯加人与他们的祖先形成一种依赖关系——一种强烈的部落特征——在一系列操作之后，这位作者罔顾一切客观性，将自己的结论应用于一种由双边关系构成的整体性——对以下事实故作不知：自加利埃尼（Galliéni）[①] 之后，马达加斯加人已不复存在。

我们想要从马诺尼先生那里获得的，是对殖民地形势的解释。他明显忽略了这一点，并未向我们提供这种解释。没有失去什么，也没有得到什么，好吧。乔治·巴朗迪埃（Georges Balandier）戏仿黑格尔，在一篇研究卡迪纳（Kardiner）和林顿（Linton）的文章[②]中讲到性格动力学："性格的最后一个阶段，是前几个阶段的结果，并应包含所有阶段的要素。"这种想法有些古怪，但仍是许多学者遵循的原则。欧洲人到达马达加斯加岛后引起的反应和行为模式，并未附加于预先存在的心理集合上，并不是对先

① ［译注］约瑟夫-西蒙·加利埃尼将军，"马恩河的英雄"，在法国殖民扩张中发挥了重要作用。他征服非洲，在马提尼克岛服完役后，于 1896 年被任命为当时已沦为法国殖民地的马达加斯加常驻将军，后成为总督。据《大英百科全书》（第十四版）载，"他完成了对马达加斯加岛的征服，当时该岛正在抵抗法国人……他的政策是以开发岛上的经济资源为导向，并安抚非法国籍的欧洲人"。

② *"Où l'ethnologie retrouve l'unité de l'homme"*, *Esprit*（Avril, 1950）.

前精神整体的增补。举例说，如果火星人打算对地球进行殖民——不是向地球人传播火星文化，而是对他们进行殖民——我们就会怀疑，作为地球人的任何性格能否持久。卡迪纳改变了许多人的看法，他写道："对阿洛尔人（Alor）传播基督教，将是一项不切实际的事业……这会毫无意义，因为，传播者要应对的人的性格，是由迥异于基督教教义的因素构成的，这必定是个错误的开头。"[①] 而且，如果说黑人听不进耶稣基督的教导，这根本不是因为他们无法领会。要理解新事物，需要我们做好打算和准备，需要一种新形式的人格塑造。指望尚难饱腹的黑人或阿拉伯人在其世界观中嵌入抽象价值，这是空想。要求一个尼日尔河上游的黑人穿鞋，说他永远不可能成为舒伯特，这种想法的荒谬，不亚于另一个想法使人感到的惊讶，即一个贝利埃卡车工厂的工人晚上不研究印度教的抒情文学，或是说他永远不会成为爱因斯坦。

其实，没有什么能在绝对的意义上阻挡这类事情的发生。没有——只是这些人缺少这样的机会。

但他们从不抱怨！证据就是：

> 破晓之前，父母的小屋那边墙体开裂，还爆出一些小泡，活像个被施以烹刑的罪人。受风雨侵蚀的屋顶上，到处是一片一片汽油桶皮打上的补丁，留下的

① Cité par Georges Balandier，*ibid.*，p. 610.

锈水坑里，又脏又臭的灰泥混着盖顶的草铺。风一吹，这些拼拼补补的东西便发出奇怪的声响，起先像煎锅滋滋作响，然后有如燃烧的木板扔进水里，带出一阵飞溅的火花。我的家人从木板床上起身，我们一家人都睡在那上面，床腿是用火油箱做的，床上铺了山羊皮、干香蕉叶和破衣裳。这张老床看起来像是患了象皮病，还游荡着老祖母曾睡过的床垫的幽灵。(床的高处放了一只装满油的罐子，里面有一截蜡烛头，烛焰像是个胖萝卜，罐子的一侧用金色的大写字母写着"谢谢"。)①

不幸的是：

这种态度、这种行为、这种被耻辱和灾难的套索束缚着的生活，反抗着、挣扎着、号哭着、憎恶着自己。天呐，其他人会问：

"你能怎么办?"

"开始做点什么!"

"开始做什么?"

"世上唯一值得努力去开始的事情：当然是末日审判啊!"②

---

① Aimé Césaire, *Cahier d'un retour au pays natal* (Paris, Présence Africaine, 1956), p. 56.

② *Ibid*.

马诺尼先生忘记了，独个的马达加斯加人已经不复存在了；他忘了马达加斯加人是同欧洲人一起存在的。白人的到来不仅打破了岛上人的视野，而且打破了他们的心理机制。正如大家指出的，黑人的他异性不是黑人，而是白人。一个像马达加斯加这样的岛屿，一夜之间遭到“文明先驱者”的入侵，即使这些入侵者行为规范、表现文明，岛上的基本结构还是会遭到损坏。此外，马诺尼先生本人也说：“那些国王们都很想得到一位白人。”[①] 尽管人们可以依据神奇的图腾崇拜模式、同上帝接触的需要以及一种依附体系的证明来解释这一点，但事实依然是：一些新事物已然出现在这个岛上，人们必须对此加以考量——否则所做的分析注定是错误、荒谬和无效的。鉴于新的要素已被引入，那就应该想办法理解这种新的关系。

白人的登陆给马达加斯加岛带来了无法衡量的创伤。欧洲人入侵所产生的影响，当然不仅是心理上的，因为，正如所有权威人士所说，意识与社会环境之间有着内在关联。

那么经济上的影响呢？嗯，殖民化本身就该受到审判！

还是继续我们的研究。

> 换句话说，马达加斯加人可以忍受自己不是白种人；但最叫他伤心的是：他先（通过身份认同）发现

① O. Mannoni, *op. cit.*, p. 81.

> 自己是个人，而后认清，人分为白人和黑人。如果“被抛弃”或“被背叛”的马达加斯加人继续他的身份认同，那么这种认同会变成诉求；他开始要求“平等”，在某种程度上，他以前从未发觉，这种“平等”是必要的。在他开始要求之前，他所寻求的平等原本是有益的，但之后却证明，这不足以医治他的心病——因为每增加一次平等，依旧留存的差异就会显得愈加无法忍受，因为这些差异突然间变得似乎无法消除，直教人痛苦难耐。这，就是马达加斯加人从心理依赖走向心理自卑的道路。①

这里，我们又一次遇到同样的误解。当然很明显，马达加斯加人能够忍受自己不是白人的事实。马达加斯加人就是马达加斯加人；或者确切地说，他不是，不能说他是马达加斯加人，而应该说，他在绝对的意义上“过着”马达加斯加人的生活。如果说，他是马达加斯加人，那是因为白人来了。如果，他在某个阶段被引导着自问：他是否确实是个人，那是因为他身为人的现实受到了质疑。换言之，我开始为自己不是白人而感到痛苦，就因为白人歧视我，让我成为被殖民者，从我这里夺走一切价值、一切个性，还告诉我，我不过是世上的寄生虫，我必须尽快踏进白人的世界，“我是一头野兽，我的同胞和我是一堆行走的粪便，

① O. Mannoni, *op. cit.*, p. 85.

发着臭气去供养甘蔗和棉花，我在世上一无是处”[①]。然后，我就很简单地努力要把自己变成白人：也就是说，我要强迫那些白人承认我是个人。但是，马诺尼先生会反驳道，你不能这样做，因为在你的内心深处有一种依附情结。

“不是所有的民族都会被殖民，只有经历了这种依附需求的人，才会被殖民。”稍后，他又写道：“无论欧洲人在哪里建立了眼下正讨论的这类殖民地，我们都可以有把握地说，在那里，未来的臣属民族正在不自觉地期待他们到来——甚至渴望他们到来。到处都有这样的传说，预言异国人将携带奇妙的礼物自海外而来。”[②] 显然，白人的行为服从一种对权威和领导能力的崇尚，而马达加斯加人服从一种依附情结，真是皆大欢喜。

当一些理解上的问题——为什么欧洲人，即这些外国人，会被称为“vazaha”（意为尊敬的外来者）；为什么遭遇海难的欧洲人会受到热烈欢迎；为什么这些欧洲人、外国人，从未被视为敌人——开始出现且变得重要时，学者们并没有从人道、善意、礼貌以及塞泽尔所谓的“古老宫廷文明”的基本特征等角度来解释这些事情。相反，他们告诉我们，原因很简单，因为在冥冥中，有一些事情把白人变成了被等待的主人，这些事情镌刻在“预言性的难解

---

① Aimé Césaire，*Cahier d'un retour au pays natal*.

② O. Mannoni，*op. cit.*，pp. 87 - 88.

文字”中——尤其是在无意识之中。是的，无意识——我们已经谈到这一点了。但我们不能就此做出推断。有一个黑人对我讲述了他的梦：“我走了很久的路，疲惫不堪，觉得有什么在等着我。我跨过栅栏和围墙，进入一间空荡荡的大厅，听到门后有声响。我犹豫了一下，最后下定决心，打开门走了进去。在这第二个房间里，有些白人，而且我发现自己也是白人。”我知道我朋友的事业出了问题，当我试图理解、分析这个梦时，我推断，这个梦满足了一个无意识的愿望。但是，在我的精神分析办公室之外，当我必须结合整个世界的背景得出结论时，我要说：

其一，我的病人有自卑情结，他的精神结构面临崩溃的危险。我们要做的，是将他从中拯救出来，并逐步地使他摆脱无意识的欲望。

其二，如果说他是如此深切地想成为白人，那是因为他生活在一个可能使他产生自卑情结的社会里，一个从这种情结的永存中获取稳定性的社会，一个宣扬某一种族具有优越性的社会；到了这个社会给他制造困难的程度时，他才会发现，自己被推进了神经官能症患者的境地。

这就需要对个人和群体采取联合行动。作为一个精神分析学者，我应当帮助我的病人意识到他的无意识，帮助他放弃幻想变白的企图，还要帮助他朝着社会结构变化的方向行动。

换句话说，黑人不该再面对这种两难境地：变成白人还是消失；但他们应当能够认识到一种生存的可能性。再换句话说，如果社会因为肤色而给他制造困难，如果我通过他的梦，证实了他想要改变肤色的无意识欲望，那么，我的目的不是建议他“安守本分”，从而劝阻他放弃这种欲望；相反，一旦他有明确的动机，我的目的是要把他放置在一个位置上，使他能够面对冲突的真正源头——即社会结构，选择积极行动（或消极被动）。

马诺尼先生有心从各个角度，对这个问题做出周详的考察，所以在研究中并没有忽略马达加斯加人的无意识。为此，他解析了7个梦境：通过7段叙述，向我们打开了无意识，其中6段叙述主要反映的是恐惧主题。6个孩子和1个成年人诉说了自己的梦境，我们看见，他们在梦里因恐惧而颤抖、逃离，变得不幸。

> 厨师的梦：
>
> “我被一头愤怒的黑[①]牛追赶。我惊恐万分，爬上一棵树，待在上面直到危险过去。再从树上下来时，我惊魂未定，浑身哆嗦。”……
>
> 13岁男孩拉赫维（Rahevi）的梦：
>
> “我在树林里散步的时候，遇到了两个黑人[②]。‘哎呀，’我想，‘完蛋了！’我试图逃跑，但是跑不动。

① 楷体为笔者所加。

② 楷体为笔者所加。

他们堵住了我的去路，开始用一种奇怪的语言说一些急促难懂的话。我想，他们在说，‘我们要让你看看什么是死’。我怕得发抖，祈求他们：‘先生们，求求你们放过我吧，我很害怕！’其中有个人懂法语，尽管我祈求着，他们还是说，‘我们要带你去见我们的首领’。我们出发时，他们让我走在前面，还给我看了他们的枪。我更加害怕了。到达他们的营地之前需要穿过一条河流，于是我跳入河中。幸好我足够冷静，躲进了一个石洞。那两个人离开后，我跑回了家。”……

诺赛特（Josette）的梦：

做梦的人是个小姑娘，她迷了路，坐在一根倒下的树干上。一位身穿白裙的女人告诉她，自己是强盗帮里的。叙述是这样继续的：“‘我是个学生，’我颤抖着说，‘我放学回家迷了路。’那女人答道：‘顺着这条道走，孩子，你会找到回家的路。’”……

14 岁男孩拉扎非（Razafi）的梦：

他被（塞内加尔）士兵追捕，“他们把步枪揣在前面”，跑步时发出“嘚嘚”声。小男孩一溜烟逃得不见踪影。他爬上阶梯，找到了自家的门……

十三四岁女孩埃尔菲娜（Elphine）的梦：

“我梦见一头凶猛的黑[①]牛在使劲追我。那头牛很

---

① 楷体为笔者所加。

大很强壮，头上有斑驳的白色杂毛，长了一对长长的尖角。'太可怕了，'我想着。路越来越窄，该怎么办？我趴在一棵芒果树上，但公牛撕裂了树干。啊，我掉进了灌木丛。于是他用角来顶我。我的肠子流了出来，他把它吞了下去。"……

拉扎（Raza）的梦：

男孩梦中在学校听人说，塞内加尔人来了。"我走出校园一看。"塞内加尔人的确来了。他跑回家，"但是我的家人也被他们驱散了。"……

14岁男孩儿茜（Si）的梦：

"我在花园里散步，感觉有什么东西影子似的跟着我。周围的树叶沙沙作响，纷纷下落，仿佛里面藏着强盗，等着要抓我。我在小巷里走来走去，不管走到哪，那影子始终紧随着我。我怕极了，猛地跑开，可是影子也迈开大步，伸出大手抓住我的衣服。我感觉自己的衬衫被撕碎了，尖叫起来。父亲听到叫声跳下床来看我，但那个巨大的影子已经消失了，我也不再感到害怕了。"①

十多年前，我惊讶地得知，北非人蔑视有色人。我是绝不可能接触到当地人的。所以直到离开非洲回到法国，我也没能探明出现这种敌意的原因。与此同时，某些事实促使我思考。法国人不喜欢犹太人，犹太人不喜欢阿拉伯

① O. Mannoni, *op. cit.* (ch. 1, *Les rêves*), pp. 55 - 59.

人，阿拉伯人不喜欢黑人……阿拉伯人被告知："你之所以贫穷，是因为犹太人榨干了你的血，抢走了你的一切。"犹太人被告知："你们和阿拉伯人不在同一个阶层，因为你们是真正的白人，而且你们有爱因斯坦和柏格森。"黑人被告知："你们是法兰西帝国最棒的士兵；阿拉伯人以为他们比你们强，但他们错了。"然而，这不是真的；黑人什么也没被告知，因为没人告知他们什么。塞内加尔步兵就是个步兵，服从命令的好士兵，只知听令的勇士。

> "你不要进来。"
>
> "为什么？"
>
> "我不知道，就是叫你别进来。"

白人不能坚持服从所有命令，于是撂了挑子。我为这个推卸责任的过程起了个名：罪恶的种族分配。

我曾说过，有些事情令我感到惊讶。每当出现暴动，军队高层总是命令有色人士兵行动。他们这些"有色人"，否定了其他"有色人"为解放而做出的努力，这说明，我们没有理由使这一过程普遍化：那些阿拉伯废物之所以相信自己的同种同胞在叛乱造反，并非基于任何可接受的原则，而单纯是为了摆脱他们的"土著"无意识。

一位参加第25届天主教学生大会的有色人学生，在关于马达加斯加的讨论中称，从非洲人的角度来看，"我要反对在那里派遣塞内加尔军队，抗议对它的滥用"。我们在其他资料中了解到，塔那那利佛警察总局的一位刑讯官是个塞内加尔人。因此，既然我们了解这一切情况，既然我们知道，一个典型的塞内加尔人对马达加斯加人而言可能代表着什么，那么，弗洛伊德的发现在这里对我们毫无用处。我们必须要做的是：将梦境放回到它特有的时代，这个时代正是8万名土著惨遭屠戮——也就是说，每50人当中，就有1人被杀——的时期；而且要将梦境放回到它特有的地点，这个地点是一座居住着400万人口的岛屿，岛屿中心并未与周边建立真正的联系，岛上纷争四起，谎言与蛊惑当道。① 我们必须承认，在某些情况下，社会场域比个人更

---

① 关于这一点，我们提出下列在塔那那利佛一次审判中的证词。

（8月9日庭审。拉科托瓦奥［Rakotovao］陈述）

巴伦（Baron）先生对我说："既然你拒绝接受我刚才对你说的话，那就送你去'反省间'……"我被领进隔壁的屋子。这个房间的地面已经被水覆盖。里面有一只满是脏水的桶，我就不提其他了。巴伦先生对我说："现在，你要学会同意我说的话，同意你该声明的内容。"他命令一名塞内加尔人，"像对待其他人一样对待我"。那个塞内加尔人让我跪下，手腕朝外；然后他拿起木夹具，把我的双手挤进去；接着，在我双膝跪地、两手压在一起的情况下，他将一只脚放在我的后脖颈上，用力把我的头往桶里按。见我快要晕倒，他又把脚挪开，好让我呼吸点空气。这个动作不停地重复，直到我精疲力竭。然后，巴伦先生说："把他带走，打他。"塞内加尔人接着使用了一根牛鞭，但是，巴伦先生进入了刑讯室，亲自动手鞭打我。用刑大约持续15分钟，我想。之后我说我再也无法承受，因为尽管我年纪尚轻，这种折磨也叫人无法忍受。接着，他说："既然这样，你必须同意我先前对你说的话！"

"不，局长先生，这不是真的。"

于是，他把我送回了第一个行刑室，又叫来另一个塞内加尔人，因为一个人还不够。他命令他们抓住我的脚，把我倒放进桶里，一直浸没至我的胸部。他们重复了好几次。最后，我告诉他们，"够了！让我和巴伦先生说话"。而后，我对着他说："我要求，起码应该得到与法国相符的待遇，局长先生。"对此他回应道："你正在接受法国待遇！"

由于再也无法忍受折磨的痛苦，我对他说："好吧，我接受你声明（转下页）

重要。我记得皮埃尔·纳威尔（Pierre Naville）曾写过：

> 像谈论个人的梦想一样谈论社会的梦想，像探讨个人的性冲动一样探讨集体的权力意志，这是再次颠倒事物的自然秩序，因为恰恰相反，正是阶级冲突的经济和社会条件，解释和决定了个人性欲自我表达的真正条件，而且一个人的梦境内容，归根结底依赖于他所处文化的一般条件。①

（接上页）中的第一部分。”巴伦先生回答：“不，我不想要第一部分，我要全部。”“那么，我应该说谎吗？”“说不说谎，你都必须同意我对你说的话……”

（证词继续）

巴伦先生立刻说：“用其他办法对付他。”于是，我被带进隔壁的屋子，那里有一道小石阶。我的胳膊绑在背后。那两个塞内加尔人又将我的双脚举在空中，让我用这种方式上下楼梯。这开始令我难以忍受，而且，尽管我留有一些精神上的力量，但在肉体上，已经无法承受。我对塞内加尔人说：“告诉你们的老板，我同意他想要我说的话。”

（8月11日庭审，被告人罗伯特［Robert］作证）

那个警察抓住我的衬衫领子，在背后踢了我一脚，还在脸上打了我一拳。然后，他强迫我下跪，巴伦先生又开始打我。

不知怎么地，他就跑到了我背后。我感觉灼热的铁器烙在我的后脖上。我试图用双手保护自己，手也被烫伤了……

第三次被击倒时，我失去了意识，不知道再后来发生了什么。巴伦先生叫我在一份备好的文件上签字；我摇头反对；接着局长再次召来塞内加尔人，他半抬着把我带进另一间行刑室。“你最好投降，否则你就死定了。”塞内加尔人说。局长说：“那是他该担心的事，你得开始了，让。”我的胳膊绑在背后，双膝被迫跪下，头被推进一个盛满水的桶里。就在我快要窒息时，被拉了出来。然后，他们一遍一遍做着同样的事情，直到我彻底晕厥……

证人拉科托瓦奥被处以死刑，让我们记住这个事实，这样就没有人能找借口托称，他对此不知情。

所以，当人们读到这些事情时，当然会发现，马诺尼先生在其分析的现象中，似乎让其中一个方面逃过了自己的注意力：黑牛和黑人，恰恰就是警局里的塞内加尔拷打者。

① Pierre Naville, *Psychologie*, *Marxisme*, *Matérialisme*, 2nd édit. (Paris, Marcel Rivière et Cto, éd., 1948), p. 151.

发怒的黑公牛并不是阳物象征。那两个黑人也并不象征两个父亲——一个是生身父亲，另一个是原始祖先——的形象。下面是基于深入分析马诺尼先生在“对死者的崇拜和家庭”部分所做的结论而得出的结果。

塞内加尔士兵的步枪并不代表阳物，那是一支实实在在的 1916 年造勒贝尔式步枪。黑公牛和强盗不是“lolos”——“转生的灵魂”——而是侵入睡眠的真实幻想。这些梦境所表达的典型的中心主题，如果不是代表回归正确的道路，又是代表什么呢？有时向我们呈现的是黑肤色士兵，有时是头上长着白色杂毛的黑公牛，有时干脆是个和善的白人女性。我们在所有这些梦境中所发现的，如果不是这个中心主题：“脱离常轨相当于在没有路的树林间游荡；你会在那儿遇见公牛，然后吓得仓皇逃遁，向家飞奔。”[1] 还会是什么？

马达加斯加人，平静下来吧，待在自己该在的地方。

马诺尼先生在描述了马达加斯加人的心理后，开始解释殖民主义存在的理由。在这个解释过程中，他在那些已然长期存在的情结列表上又添上了新的心理症候：“普罗斯彼罗情结”。它被定义为那些无意识的神经官能症倾向的总和，这些倾向同时也勾勒出家长式统治的殖民地“画面”和一幅种族主义者的“肖像图”，其女（想象）自己落

---

① O. Mannoni, *op. cit.*, p. 71.

入一个低等人之手，深深地被一种强奸企图所折磨。[①]

如我们所知，普罗斯彼罗是莎士比亚戏剧《暴风雨》(*The Tempest*) 的主人公。在他的对立面，是其女米兰达(Miranda) 以及卡利班 (Caliban)。普罗斯彼罗对待卡利班的态度，是美国南方人所熟知的。难道他们不是总在说，黑鬼们就等着有机会扑向白种女人? 不管怎样，这个部分当中有意思的是：马诺尼先生强烈地使我们感受到，难以化解的冲突似乎扎根于殖民事业之中。事实上，他告诉我们：

> 与普罗斯彼罗一样，殖民者所缺少的，是对他者世界的认知。在这样一个世界中，他者必须受到尊重。殖民者恰恰逃离了这样的他者世界，因为，他们无法接受像他们这样的人。拒绝那个世界，是与一种支配冲动相结合的，这是一种源自婴儿期的冲动，也是一种无法被社会适应能力所规训的冲动。殖民者为自己的逃离找到的理由——无论是出于旅行的渴望，抑或是逃脱摇篮或“古老护栏”的渴望，还是只想过一种更自由的生活——这都无关紧要……问题永远是：他们妥协于对一个无人世界的渴望。[②]

---

① O. Mannoni, *op. cit.*, p. 108.
② *Ibid.*, p. 106.

如果有人补充说，许多欧洲人跑去殖民地，是因为在那儿，他们有机会迅速致富——除了少数例外，殖民者都是商人，或者确切地说，是非法交易者——那么，说此话的人已经抓住了引起殖民地土著生发“自卑感”的人的心理。至于马达加斯加人的“依附”情结，至少在我们能够对其加以理解和分析的唯一形式上，那也是在白人殖民者到来之后才发生的。从它的其他形式，从纯粹状态下的原初情结——马达加斯加人的心理在整个前殖民时期的特点，可能就是处于这种单纯的状态——来看，对我而言，马诺尼先生似乎没有丝毫根据，可以得出任何可适用于当前马达加斯加形势、问题或潜在可能性的结论。

第五章

黑人的过往经验

“肮脏的黑鬼！”或者简单一句：“看，一个黑人！”

我降生于世，决意找寻事物的意义，我的灵魂曾满是探究世界本源的欲望，后来却发现，自己不过是其他客体中的一个。

封闭在压抑的客体状态之中，我以恳求的姿态转向他者。他们的关注是一种解放，其目光扫过我的身体，我突然间被磨蚀，变成了虚无。这种关注再次赋予我一种自以为已然失去的敏捷，将我带出这个世界，恢复了我的敏捷性。但是，正当到达另一面时，我绊倒了，而他者的动作、态度与目光令我无法动弹，像是染料给化学溶液定了色。我感到愤怒，要求一个解释。但什么事情也没有发生。我爆裂了。现在另一个自我又将这些碎片收集在一处。

只要黑人还待在黑人的世界里，他就没有机会经由他者体验自身的存在，除非在黑人内部发生较小冲突的时刻。当然也有黑格尔所说的“为他人而存在”的时刻，但是，在一个被殖民、被教化的社会中，一切本体论都难以企及。这一事实，似乎并没有得到那些对此问题做出探讨的人的充分关注。有种杂质存在于被殖民人民的世界观中，一种禁止任何本体论解释的瑕疵。有人可能会反对说，每个个体均是如此，但这样的反对，只是掩盖了一个基本问题。本体论——一旦人们最终承认它可以不考虑生存问题——使我们无从理解黑人的存在。因为黑人不仅必须是黑皮肤，他还必须是与白人相关联的黑人。一些批评家会主动提醒我们，这个命题包括一个反题。但是我说，那是错误的。在白人眼中，黑人没有本体论上的抵抗力。黑人在一夜之间被赋予两个参照系，他必须将自己放置其中。他的形而上学，或者不那么做作地说，他的习俗及作为基础的来源被消灭了，因为，它们与一个他并不了解的且强加于他的文明发生了冲突。

在20世纪，待在黑人世界里的黑人并不明白，自己什么时候通过他者产生了自卑感。当然，我已经同朋友讨论过黑人问题，也很难得地同美国黑人讨论过这些。我们一起抗议，主张一个人人平等的世界。在安的列斯群岛，那些白人化的黑人、混血儿和黑人之间，也相互存在微小的分歧。但是，能够理智地理解这些差异，还是令我很满意的。它们并非不可逾越。然后……

然后，就出现了这种情况：我必须与白人的目光对视。一种陌生的负担使我感到沉重。现实世界对我的主张提出了挑战。在白人社会中，有色人在对其身体图式的阐明中遇到了困难。单单对于身体的意识这点，就已经是一种否定的活动。这是一种第三人称意识。肉体被某种不确定的氛围笼罩着。我清楚，如果想吸烟，我就得伸出右手，拿起桌子另一端的那包烟盒。然而，火柴放在左边的抽屉里，我得往后稍稍靠一点。所有这些动作并非出于习惯，而是源自隐性默会知识。在时空世界之中，作为身体的自我，是一种缓慢的构成——这似乎就是那种身体图式。它并未强加于我，毋宁说，它是自我和世界的明确结构——之所以明确，是因为它在我的身体和世界之间构建起真正的辩证法。

一些实验室数年来一直试图研发一种“去黑人化”的血清。这些实验室怀着巨大的热忱，给试管杀菌消毒，对天平进行检查，然后着手展开研究，以期让可怜的黑人能够自己变白，最终让他们甩掉那已是负担的肉体诅咒。我在这个身体图式之下，勾勒了一副历史—种族图式。我所使用的元素，并非来自“以触觉、前庭、动觉和视觉特征为主的残余感觉和知觉”①，而是来自他者——白人——他们通过无数细节、轶事以及故事把我织造出来。我原以为，我利用手头这些资料去完成的，是建构一个精神上的

① Jean Lhermitte, *L'Image de notre corps* (Ed. de la Nouvelle Revue critique, 1939), p. 17.

自我，去平衡空间，调适感觉，但在这里，我被要求做出更多。

“看，一个黑人!”这是在我过路时，弹在我身上的一种外界刺激，我勉强一笑。

“看，一个黑人!”这个刺激是真实的，它逗乐了我。

“看，一个黑人!”路人逐渐将我包围。我毫不掩饰它给我带来的乐趣。

“妈妈，看那个黑人！我害怕!”害怕！害怕！现在他们开始怕起我来了。我本想让自己狠狠地笑一顿，但是再也笑不出来。

我再也笑不出来，因为我已经知道，有一些传说、故事和历史，尤其还有我从雅斯贝尔斯（Jaspers）那里了解到的历史性。然后，身体图式在多方攻击下崩溃瓦解，种族表皮图式取而代之。在火车上，成问题的，不再是以第三人称意识到我的身体，而是意识到我是由三重身体组成的人。人们不是给我让一个位子，而是两个、三个。我已经不觉得好笑了。这并不是说，我在这世上寻找与我同样狂热的人。我作为三个人而存在：我占据空间。我走向他者……而那个易逝的他者消失了。他者充满敌意但并非不可理解，他其实是透明的，根本不在那儿。极端的憎恶……

我同时要对我的身体、种族和祖先负责。我客观地审视自己，发现了自己的黑色皮肤，我的种族特征。手鼓、同类相残、智力低下、拜物教、种族缺陷和贩奴船，把我击得粉碎。此外，最要命的是一句皮钦语："齁（好）美味。"

那一天，我完全不知所措了，我在异乡无法与那个残酷地禁锢我的他者、白人同处。我远离了自己的存在，真的离得远远的，我把自己变成了一个客体。于我而言，如果这不是一种截肢术、切断术，一场用我的黑色血液溅满全身的大出血，又能是什么？但我不想要这种修正，这种主题化。我不过是想成为其他人当中的一员。我想充满青春活力、轻盈优雅地来到一个属于我们的世界，共同助力建设这个世界。

但我拒绝一切对情感的无动于衷。我想做个人，没别的，只是做个人。有人认为，我和我那被奴役和被处以私刑的祖先有密切关联，我决定接受这点。正是在这种普遍的智力水平上，我很理解这种内在的亲缘关系——我是奴隶的子孙，正如勒布伦（Lebrun）总统是辛苦劳作、缴纳课税的农民的子孙那样。总的来说，恐慌很快就消失了。

在美国，黑人被隔离。在南美，黑人当街遭受鞭打，黑人罢工者在机枪扫射中死去。在西非，黑人就是牲口。而就在我的近旁，出生于阿尔及利亚的大学同学对我说："只要我们还把阿拉伯人当成人来对待，就不可能找到解决方案。"

"你要明白，我亲爱的孩子，我发现，肤色偏见完全是外来的观念……当然，请进，先生，我们之间没有种族偏见……黑人和我们完全一样，也是人……他之所以没有我们聪明，并不是因为皮肤黑……我在部队有个战友是塞内加尔人，他就非常聪明……”

我被分为哪一类？或者，如果你愿意：我该被藏在哪里？

“一个马提尼克人，是‘我们’老殖民地的土生子。”

我该藏身何处？

“看那个黑人！……妈妈，一个黑人！……见鬼，他要生气的……别在意，先生。他不知道您和我们一样是文明人……”

在那个白茫茫的冬日，我的身体被归还给了我，四肢展开，扭曲变形，被重新着色，还穿着丧服。黑人是牲畜，黑人很卑劣，黑人很刻薄，黑人很丑陋。瞧，一个黑人，他在寒冬里瑟瑟发抖。黑人发抖是因为他感到寒冷，小男孩颤抖是因为他害怕黑人。黑人被刺骨的寒冷冻得直哆嗦，漂亮的白人小男孩以为黑人气得发抖，一下子扑进母亲怀中：妈妈，那个黑人要吃我。

我周围的白人，在天空的中央撕裂，大地在我脚下刮擦作响。有一首白色的歌，一首白色的歌。令我感到灼热的这些白色……

我在火堆旁坐下，察觉到自己穿的制服。我之前没太注意看它，确实挺丑。我就此打住，有谁能告诉我，什么是美？

从今往后，我要在哪里找寻藏身之所？我感到一股清晰可辨的洪流，从我身心的各个部分向上喷涌。我就要发怒了。火光早已湮灭，那黑人又开始颤抖。

“看看，那黑人多帅啊！”

“拍黑人马屁呢，夫人！”

她满脸羞愧。我终于从沉思中解脱出来。与此同时，我做了两件事：我辨别了我的敌人，而且我搞大了场面。精彩，现在人们可以笑了。

战场已被划定，我加入了战斗。

什么？正当我要忘却、原谅、只想去爱的时候，我释放的信息却有如一记耳光，甩回在自己的脸上。白人世界，那独一高贵体面的世界，将我拒之门外。依据预期，人该有人的行为举止，我则该有黑人的行为举止——或至少像个黑鬼。我大声地问候世界，它却报以冷眼，令我心寒。我被告知待在界限之内，滚回属于我的地方。

那就等着吧！别怪我没警告过。奴隶制？没人再提那段不愉快的记忆了。我假定的自卑？不过是个骗局，最好嗤之以鼻。我把它全忘了，但条件是：世界不再为了保护自己而提防着我。我时刻咬紧牙关，严阵以待。此外……

什么！正当我有充分的理由去仇恨、鄙夷时，却被回绝了？在他们本应该苦苦哀求我的时候，我却丝毫没有获得认可。我下定决心，要声称自己是个黑人，因为我已不可能摆脱一种与生俱来的情结。既然他者不愿认可我，那么只有一个办法：让自己为人所知。

在《对犹太人问题的反思》（*Réflexions sur la question juive*）一书中，萨特写道："他们（犹太人）任由自己被他者所持的老套成见毒害败坏。他们生活于恐惧之中，其行为会与刻板印象一致……可以说，他们的行为永远取决于内部的多重因素。"（123页）

尽管如此，犹太人可能对自己的犹太性所知甚少。他不完全是现在这种样子。他期望，也等待。他的行动，他的行为是最后的决定因素。他是个白人，除了一些颇有争议的特征外，他有时会被忽视。他属于从一开始就未曾吃人的种族。多可怕的想法，把父亲吃了！很简单，只要不是黑鬼就行。当然，犹太人也受到侵扰——我想到了什么呢？他们被追捕、灭绝和焚化。但，这些是家庭里的小争吵。自被追捕的那一刻起，犹太人就不受人待见了。可是于我而言，一切都披上了一种新的伪装。我没有任何机会，自外部就被多种因素决定了。我不是他者所持（的黑人）"概念"上的奴隶，我是自身外表的奴隶。

我缓慢地行走在世间，已经习惯了不再寻求什么剧变。我伏地前进，正在白人的眼皮底下被解剖，那唯一真实的眼睛。我被固定住，他们调整切片机，客观地将现实里的我一片片切下。我被赤裸地放置着。我感觉自己从那些白人的脸上看到：我不是一个刚刚到来的新人，而是一种新人，一个新的种属。呦，是一个黑人！

我溜进角落里，长长的触须收集了散落在事物表面的、标示我特征的语汇——黑人的内衣闻起来就是黑人的——黑人牙白——黑人脚大——黑人的桶状胸——我溜进角落，默默地待着。我努力隐姓埋名，努力隐身遁形。听着，只要没人再注意我，我愿意接受这种命运!

“哦，我来介绍一下我的黑人朋友……艾梅·塞泽尔，黑人，大学毕业生……玛丽安·安德森（Marian Anderson），最棒的黑人歌手……科布（Cobb）博士，白血病发现者，是个黑人……来吧，和我的马提尼克朋友打个招呼（注意一点，他非常敏感）……”

羞耻。为自己感到羞耻，并且鄙视自己。极度厌恶。他们喜欢我时，会告诉我，尽管我是有色人，但他们并不介意；不喜欢我时，他们就说，那并不是因为我的肤色。无论哪种方式，都让我陷入地狱般的循环之中。洪水来临前，我转身背离来自诺亚方舟的巡视员，紧紧依附着像我一样的黑人兄弟们。令我恐惧的是：他们也拒绝了我。他们近乎白人，还要娶个白人女性为妻，他们会生下皮肤略带棕色的孩子。谁知道呢，也许是一点一点、慢慢地……

我一直做着梦。

“我想让您理解，先生，在里昂，我算得上是对黑人最友好的人了。”

铁证如山。我黝黑的肤色明摆着，黑得无可争辩。它折磨我、纠缠我、打搅我，叫我怒火中烧。

黑人没有开化，是野兽、文盲。但就我自己而言，我知道这些说法是错误的。存在着一种关于黑人的神话，必须不惜一切代价将其打破。黑人成为牧师而被惊为奇迹的时代早已过去。我们有医生、教授和政治家。是的，不过某些不同寻常的事物，总是难免叫人们少见多怪。“我们有位塞内加尔的历史教授，他很聪明……我们的医生是黑人，他非常文雅。”

总是黑人教授、黑人医生；我开始变得敏感脆弱，因为微不足道的由头而恐惧到哆嗦。譬如，我知道，如果这位医生犯了错，他和他的追随者都得完蛋。说到底，人们能指望从一个黑人医生那里得到什么呢？如果他一切顺利，就会被捧上天，但时时刻刻得小心谨慎，正襟危坐！黑人医生永远无法确定自己离耻辱有多近。我告诉你，我被困在围墙里了：我的文雅举止、文学知识，或是我对量子理论的理解，通通不能出半点错，绝不能。

我提出请求，要得到解释。他们用对待小孩说话的语气，温和地向我表示，某些人确实持有某种观点，不过，他们总是告诉我，“我们真的希望这种观点很快会消失”。什么观点？种族偏见。

> 它（种族偏见）只不过是一个种族对另一个种族不理智的仇恨，是更强大、更富裕的种族，对那些他们认为较自己更低等的人的蔑视，也是那些被征服和

> 侮辱的人的痛苦怨恨。由于肤色是种族最明显的外在表征，它已经成为评判人的标准，无论被评判者的社会成就与受教育程度如何。浅肤色种族鄙夷所有深肤色种族，而深肤色种族将不再甘愿接受他们被降级的劣等地位。①

我的解读是对的，这是仇恨；我被憎恨、被鄙视、被嫌恶。厌恶我的，不是街坊邻里，也不是堂亲表亲，而是整个种族。我面临着一些毫无道理的事情。精神分析学家说，对于孩子而言，世上没什么事比遭遇理性更使他的精神受创伤的了。我个人认为，对于一个将理性作为唯一武器的人来说，没有什么比遭遇非理性更令他神经过敏。

仿佛有刀刃在我体内伸展。我决心保护自己。身为一个优秀的战术家，我想对这个世界做出合理化的解释，并且告诉白人，他们错了。

让-保罗·萨特说，犹太人身上有着——

> 一种充满激情的理性帝国主义：因为他不仅仅希望别人相信他是对的；其目标是说服他们相信，理性主义具有一种纯粹、绝对的价值。他认为自己是普世的传教士；他反对将自己排除在外的天主教的普世

---

① Alan Burns, *Le Préjugé de race et de couleur* (Payot), p. 14.

> 性，主张理性的“普遍性”，即一种经由它获得真理，并在人与人之间建立精神纽带的工具。[①]

萨特还补充说，虽然有些犹太人可能把直觉视为哲学的基本范畴，但他们的直觉——

> 又与帕斯卡尔式精神的微妙性不同，于犹太人而言，后者——基于无数难以察觉的感知——才是最大的敌人。至于柏格森（Bergson），他的哲学看起来是一种奇怪的反智主义学说，该学说完全是由最理性、最具批判性的智者构建的。通过论证，他确定存在着纯粹的绵延，存在着哲学意义上的直觉。正是那种发现了绵延和生命的直觉，其本身具有普遍性，因为任何人都是这种直觉的实践者。直觉也导向普遍性，因为其对象可以被命名、被想象。[②]

我怀着满腔热情，开始对周围的环境进行分类和探究。我们看到，随着时代变迁，天主教起初是奴隶制和种族歧视的辩护者，然后对此发声谴责。但是，人们通过将一切与人的尊严相关联，已经把偏见撕成了碎片。科学家们犹豫再三之后，承认了黑人是人。不论是体内还是体外，黑人都被证实与白人相似：同样的形态，同样的肌体

---

① Jean-Paul Sartre, *Réflexions sur la question juive* (Paris, Morihien, 1946), pp. 146 - 147.

② *Ibid.*, pp. 149 - 150.

组织。理智对于自己的胜利信心满满。我把所有的部件重新拼装好，但又不得不改变态度。

胜利玩起了猫捉老鼠的游戏；它把我变成了一个傻瓜。正如那个他者所说，当我在场时，胜利不在；胜利在时，我又不在。存在着一种抽象意义上的理论共识：黑人是人。不太信服的人修正此前的观念说道：也就是说，黑人的心脏和我们一样，也在左边。但在某些方面，白人仍然冥顽不化。他无论如何都不希望，种族之间存在任何亲密的关系。因为，“不同种族间的杂交，会降低身体和智力素质……在我们更确切地了解不同种族杂交的影响前，当然要尽量避免不同种族之间的杂交”①。这已是自明之理。

就我而言，我当然明白该如何应对。从某种意义上说，如果要我给自己下个定义，我会称自己为等待者。我探查周遭的事物，用我的发现阐释一切，我变得敏感。

那些他者在为我编纂的史书的第一章中，已将食人族的背景写得清清楚楚，目的是让我无从忽略它。他们推测，我的染色体应该有一些更浓稠或更稀薄的食人基因。除了性别连锁，学者们还发现了种族连锁。真是可耻的科学！

但是，我理解这种“心理机制”。因为，众所周知，

---

① Jon Alfred Mjoen, II Congrès international d'eugénisme, cité par sir Alan Burns.

这种机制只是心理上的。两个世纪以前，我被剥夺了人性，永世为奴。接着又来了一些人，他们说这一切发生得太久远了。我固执地做完未尽事宜；从文明的洪水中获救。我已经前进了……

太晚了。一切都被预期、被思考、被证明、被利用过了。我颤抖的双手什么也握不住。我的身体资源被挖掘殆尽。太晚了！但是，我再一次想要理解。

自从有人第一次痛惜自己来得太晚时，一切就已成定局，一种怀旧之情似乎就开始持久不衰。这是否就是奥托·兰克（Otto Rank）所说的失乐园？有多少这样的人，蜷缩于世界的母腹之中，终其一生研究德尔斐神谕，或耗尽心力尝试描绘尤利西斯的漫游！泛唯灵论者试图证明动物灵魂的存在，其论据如下：一只狗趴在主人的坟墓上，不离不弃，绝食而终。我们不得不等待珍妮特（Janet）来证明，这只狗不像人类，它根本没有能力清算过去。阿尔托（Artaud）说，我们谈论希腊的荣耀；但又补充说，如果现代人不再理解埃斯库罗斯（Eschyle）的《奠酒人》（*Choéphores*），这得怪埃斯库罗斯自己。反犹主义者为证明自己“观点”的正确性而转向传统。当他们告诉犹太人，“这个社会没有你的一席之地”时，他们所诉诸的正是传统，是那悠久的历史过往，是帕斯卡尔和笛卡尔（Descartes）之间的那层血缘关系。不久前，我坐在一列火车上，一位好心的法国人说：

只要让真正的法国美德延续下去，这个种族就会平安无事。必须实现民族联合，现在正是时候。结束内乱，一致对外（说到这里，他望向我坐的角落），不管他们是谁。

必须为他说句公道话，他浑身散发出廉价红酒的气味；如果他做得到，他本来会告诉我，我那被解放的奴隶之血，不可能被维庸（Villon）或泰纳（Taine）的名字所激发。

真叫人愤怒！

犹太人和我：由于我不满意被种族化，凭着运气，我被人性化了。我加入了犹太人，我的难兄难弟。

真叫人愤怒！

乍一看，反犹分子的观点竟然与惧怕黑人者的观点有关，这似乎有点奇怪。我的哲学老师，一个土生土长的安的列斯人，有一天想起一件事，对我说："不管什么时候，当你听到有人辱骂犹太人，要凝神细听，因为他也在说你。"我发现他完全没错——我的意思是：我的身心都感应到了他们对我兄弟同胞的所作所为。后来我意识到，老师的意思很简单，一个反犹主义者必定同样歧视黑人。

你来晚了，太晚了。你和我们之间永远隔着一个世界——一个白人的世界……他者完全无力对过去做出彻底的清算。面对白人情感上的僵化，我本可以下定决心发出黑人的呐喊，这是可以理解的。我到处伸出伪足，逐渐分泌出一个种族。它在一个基本元素的重负下步履蹒跚。这元素是什么呢？节奏！来听听我们的歌者列奥波尔德·桑戈尔（Léopold Senghor）：

> 它是最可感又最抽象之物，是生命元素的原型。它是艺术的首要条件与标志，正如呼吸之于生命：呼吸，或加快或减缓，依据个体的紧张程度、感情的强烈程度和性质变得平缓或急促。这是原始纯粹的节奏，是黑人艺术杰作的节奏，尤其蕴含于雕塑之中。它由一个主题构成——雕塑的形状——这与其姊妹主题相反，正如吸气之于呼气的对立，且循环往复。这并不是单调的对称；节奏是有生命的，它是自由的……节奏就是这样霸道地影响着我们最不理性的部分，以使我们洞穿客体的灵性；而且，我们放任的性格本身也具有节奏性。①

没有看错吧？我又倍加仔细地重读了一遍。在与白人世界对立的另一极，一种神奇的黑人文明在向我欢呼。黑人的雕塑哇！我脸放红光，充满自豪，这是我们的救赎吗？

我为这个世界做出了合理化解释，但世界出于种族偏见拒绝了我。既然在理性层面无法达成一致，我便让自己

---

① Léopold Senghor，“Ce que l'homme noir apporte”，sur Claude Nordey，*L'Homme de couleur*（Paris，Plon，1939），pp. 309－310.

回到了非理性。是白人，他们比我更荒谬。出于斗争之需，我选择了逆行的方法，但事实依然是：逆行是一种我并不熟悉的武器；现在我回到家中；成了由非理性构成的人；我就在非理性之中跋涉。非理性没过我的脖颈。现在，我的声音震颤得多么厉害！

那些人没有发明火药和罗盘
那些人没有学会征服蒸汽与电流
那些人没有探索过大海和天空
但他们知道这块痛苦的大陆上最遥远的角落
那些人只被绑架过，从未旅行过
那些人学会了顺从下跪
那些人被教化被皈依
那些人被注入低下者的身份……

是的，所有那些人都是我的同胞——一种“苦难的手足情谊”将我们一同禁锢。陈述完这个次要的论点后，我开始热切地证明其他命题。

……但是那些人，如若没有他们，地球便不是这个地球
隆起的土地比空旷之地
更
丰饶多产

土地

在这个地球上是守卫一切的宝库

是令土壤成熟的宝库

我的黑肤色不是顽石，它以聋人之无惧

猛烈地撞击白日的喧嚣

我的黑肤色并非世界的死亡之眼上

那无生命的水滴

我的黑人性既非塔楼亦非教堂

它刺进了红红的太阳里

它刺进了燃烧的天空中

它冲开了由自己的耐性之柱构成的重重沮丧。①

哎呀！手鼓雷动，传出宇宙的信息。只有黑人才能传达，才能破解其意义。我跨坐于世界之上，强有力的脚后跟夹紧了世界的侧腹，凝视着世界的臂膀，如同神父凝视献祭者的眉心。

但是他们着了魔，醉心于探究万物本质，对外在之物一无所知，只知沉迷于万物之运转

无意克制，只知要弄世界大戏

世界的长子们真诚地

开怀拥抱世界的气息

---

① Aimé Césaire, *Cahier d'un retour au pays natal* (Paris, Présence Africaine, 1956), pp. 77 - 78.

世界之风的交汇之地
世界之水的温润河床
世界之火的神圣火花
世界的血肉之肉，随世界的运转而悸动！[①]

血！血！……诞生！生成的狂喜！四分之三的人卷入那一日的混乱，我感到自己被鲜血染红。世界的动脉痉挛着、撕裂着、连根被拔除，都转向了我，滋养了我。

血！血！我们的血液被太阳的雄性之心搅动。[②]

牺牲是造物和自我之间的一种折中——现在，我不再回溯各种起源，而是回归根本之“源”。然而，人们不得不怀疑节奏，大地母亲的爱，那族群和宇宙的神秘的、肉体的结合。

在《黑非洲的性生活》(*La Vie sexuelle en Afrique noire*)这部充满感知性认识的作品中，德·佩德拉尔(De Pédrals)暗示，在非洲，无论哪个领域的研究，总是存在某个巫术—社团结构。他还说：

所有这些元素，都能在秘密社团领域的更大规模的研究中，被人们再发现。此外，在青春期接受过割礼的男性与女性，不得向未行割礼者透露其经历，违

① Aimé Césaire, *Cahier d'un retour au pays natal*, p. 78.
② *Ibid.*, p. 79.

者处死，而且秘密社团的入会仪式，常常会激发神圣的爱情行为，因此，通过观看男性、女性的割礼和仪式，完全可以得出结论，它们美化成了少数派秘密社团的组成部分。[①]

我踩在白色的尖钉上行走。层层水波威胁我燃烧的灵魂。面对这些仪式，我倍加警惕。黑人的巫术！纵欲狂欢，女巫的安息日，异教徒的圣典，护身符。交媾是向部落诸神祈福的机缘。这是一种神圣的行为，纯粹、绝对，使不可见的力量发挥作用。人们对于所有这些表征，所有这些入会仪式，所有这些行为有何想法？我感到，猥亵的舞蹈和语汇从四面八方向我袭来。几乎就在我的耳畔，响起了一首歌：

最初我们的心炙热滚烫
现在它们冰冰凉凉
我们现在想的都是爱
当我们回到村里
当我们看到那粗大的阳具
啊，那时我们要怎样翻云覆雨
因为我们的身体将变得干爽。[②]

---

① De Pédrals, *La vie sexuelle en Afrique noire* (Paris, Payot), p. 83.

② A. M. Vergiat, *Les rites secrets des primitifs de l'Oubangui* (Paris, Payot, 1951), p. 113.

土地，片刻之前还有如一匹驯服的骏马，现在开始纵情欢愉。这是一些处女吗，这些慕男狂魔？黑人的巫术，原始的意识，万物有灵，兽性情欲，这泛滥的一切将我淹没。这一切，是那些没有跟上人类进化步伐的民族的典型特征。或者，这是处在最底层的人性，如果有人愿意这么说的话。论述至此，我很长时间不愿发表自己的意见。侵略是命里注定的。我不得不做出选择。什么意思？我别无选择……

是的，我们——我们黑人——是落后、简单、放任的。那是因为对我们而言，身体并不是你们所说的那种与心灵对立的东西。我们处在这个世界之中。人类与大地是一对长存的伴侣！另外，我们的文人也佐证了我的论述；你们白人的文明忽略了微妙的丰富性与敏感性。听听吧：

> 情绪的敏感性。**感性完全是黑人的特性，正如理性是希腊人的特性。**[①] 微风一起，就会激起水波荡漾？无遮无蔽的生灵被风吹打，果实尚未成熟就常常掉落？是的，在某种意义上，**与其说如今的黑人富有成就，倒不如说他们极具天赋。**[②] 但是，大树将须根扎进大地。深沉奔涌的河流，携带珍贵的种子。非裔美国诗人朗斯顿·休斯（Langston Hughs）有诗云：

① 楷体为笔者所加。
② 楷体为笔者所加。

我了解河流，

古老的忧郁的河流，

我的灵魂生得深沉，

就如那深深的河流。

而且，黑人情感的本质及其敏感性，解释了他对待自己用这样的基本强度所感知的客体的态度。那是一种变成了需求的放纵，一种积极的交融状态，甚至是一种认同，无论客体的行为——我几乎要说那是个性——多么微不足道。一种带有节奏的态度：这个形容词应牢记于心。①

所以在这里，我们恢复了黑人的名誉，他“立于庭前”，用直觉统治世界，获得了认可，他重新站立起来，被探索，被关注。他是一个黑人——不，不是一个黑人，而是那个特指的黑人，他刺激了这个世界富有生产力的触角，他被置于世界的前景位置，对这个世界倾泻他的诗学力量，“开怀拥抱世界的气息”。我拥抱世界！我就是世界！白人从未理解过这种神奇的置换。白人想要这个世界；欲将它占为己有。他认为自己注定是它的主人。他征服这个世界。世界与他之间建立了一种基于占有欲望的关系。但是，还存在着其他只适合我的形态的价值。我像个魔术师

① Léopold Senghor, “Ce que l'homme noir apporte”, sur Claude Nordey, *op. cit.*, p. 295.

一般，从白人那里夺走了“一个特定的世界”，此后他和他的世界便永远失去了那个“特定的世界”。发生这种情况时，白人一定被一种自己无法辨别的力量震得朝后摇晃，这样的反应，他真是相当不习惯。在超越农场、香蕉树或橡胶树等客观世界的某个地方，我隐约带来了一个真实的世界。世界的精华是我的财富。在世界和我之间，是一种共存的关系。我发现了那个原初的大写的“一”。我的“会说话的手”撕开了世界歇斯底里的喉咙。白人痛苦地感到，我正在逃离他，而且随身带走了一些东西。他搜遍了我的口袋，将探针插进我脑子里最不曲折的地方。他发现，到处都只有显而易见之物。因此，很明显，我隐藏了一个秘密。我受到询问；带着神秘的神情转过身去，我喃喃道：

托科瓦利（Tokowaly），叔叔，你还记得从前的夜晚吗
当我的脑袋沉沉地压在你耐心的脊背上
或者
当握着我的手的你的手引我走过暗影和灵异象界
田野是萤火虫的花海，星星悬挂在
灌木丛中，和树丛里
四下里一片寂静
只有丛林中嗡嗡的声音，成群的微红色的

蜜蜂淹没了蟋蟀的刺耳尖叫
还有那应和着的手鼓声，在夜的远方
低语
你，托科瓦利，倾听着不可听之声
你给我解释一下，祖先在
星群那如液体般的平静里都说了什么
我们所知的公牛，蝎子，豹子，大象，
和鱼儿，
还有神灵的白颜盛世，在那无际的
天堂之中
但是现在月亮女神的光辉降临
将阴暗的面纱揭去
非洲之夜，我的黑色之夜，神秘而明亮，
黑色但耀眼。①

我把自己变成世界的诗人。白人的诗并无诗意可言。他的灵魂已经腐化。就像一个在美国当教师的朋友告诉我的，“从某种意义上说，黑人与白人并存，是人性的保障。当白人感觉自己过于机械化的时候，就会转向有色人群，向他们索要一些人性的给养”。我终于被承认了，我不再是零了。

很快，我不得不改变论调。白人只是一时之间感到若

① Léopold Senghor, *Chants d'ombre* (Paris, Editions du Seuil, 1945).

有所失，他对我解释说，从遗传学角度看，我代表了发展的一个阶段："我们在研究中深入探讨了你的属性。我们已经有了地球神秘主义者，你将永远无法达到这种水平。去研究研究我们的历史，你就会知道，这种融合已经走了多远。"于是，我感觉到，我在重复一个循环。我的独创性被人硬生生从身上撕裂。我哭了很久，然后重新开始生活。但是，我被一大堆陈腐的刻板印象所困扰：黑人特有的气味……黑人特有的温厚……黑人特有的天真……

我曾试图通过我的同类逃离自己，但是白人向我扑来，使我无能为力。我测试了自己的黑人本质的极限；毫无疑问，它已经所剩无几。正是在这里，我有了最惊人的发现。恰当地说，这个发现是种重新发现。

我在所有关于黑人的古代遗物中疯狂搜寻。我的发现令自己无法呼吸。舍尔歇在其著作《废除奴隶制》(*L'abolition de Vesclavage*) 中，向我们提供了令人信服的论据。自他以后，弗罗贝尼乌斯 (Frobenius)、韦斯特曼 (Westermann)、德拉福斯 (Delafosse) ——他们都是白人——纷纷加入了这个合唱行列：塞古 (Ségou)、杰内 (Djenné)，人口逾十万的城市；对学识渊博的黑人（曾到麦加去翻译《古兰经》的神学博士们）的记述。所有从过去挖掘出来、从内部展开的这一切，使我有可能找到一个有效的历史位置。白人搞错了，我不是原始人，甚至不是半人，我属于一个在两千年前就已懂得打造金银制品的种族。还有旁的东西，那是一些白人无法理解的东西。来看一看：

这是些什么人呢？他们史无前例地、被残忍地从他们的家庭、国家、宗教中分离开来。

他们是温文儒雅、谦恭礼让的人，无疑比折磨他们的人更加优越——那是一群冒险家，他们对非洲任意妄为、大肆侵犯、信口侮辱，为的是能够更轻易地对她横加剥夺。

他们带走的人懂得如何建造房屋、统治帝国、建设城市、耕种土地、开采矿井、纺织棉花、锻造钢铁。

他们的宗教自有其美，与城市的缔造者保持神秘的联系。他们的习俗令人愉悦，团结、善良和敬老是其根基。

没有威压强迫，只有互帮互助，人们生活愉悦，自觉地接受纪律的约束。

秩序——诚挚——诗歌与自由。

在无忧无虑的平头百姓和近乎神话的领导人之间，存在一条未曾断绝的理解与信任之链。不科学？确实是这样；但是，为了保护他们免遭恐惧之伤，他们拥有伟大的神话，在其中平衡、调和了最微妙的观察和最大胆的想象。没有艺术？他们有自己华丽的雕塑，在这些雕塑中，人性的情感自由爆发，但是在组织创作素材的主要元素时，他们总是遵循强迫性的节奏规律，为的是重新分配最隐秘的宇宙力量……①

……非洲心中的纪念碑？学校？医院？在欧洲人到来之前，这些事物在非洲不曾存在过。没有哪个20世纪的良好市民，或是哪个叫作迪朗、史密斯或布朗的非洲人，会怀疑这一点……

……但是舍尔歇让我们注意到这些事物的存在，是卡耶（Caillé）、莫利昂（Mollien）、康德尔兄弟（les frères Cander）发现了它们。舍尔歇并未在任何地方提醒我们，当葡萄牙人于1498年在刚果河岸登陆时，他们发现了一个富庶、繁荣的国家，安巴斯（Ambasse）的侍臣身着锦缎丝袍。尽管如此，他至少明白，非洲的发展已经到了法律概念上的“国家”程度。他也意识到，欧洲文明，存在于帝国洪流之中，毕竟仅仅是众多文明中的一个——而且不是最仁慈的那一个。②

我把白人放回他自己的原位；越发胆大地，我还推挤了他一下，直截了当地告诉他，“你得将就我，我不会将就任何人了”。我仰天对着星星大笑。我看得出，白人满怀怨恨。对此，他的反应时间无限地滞后……我赢了。我

① Victor Schoelcher, *Esclavage et colonisation*, Introduction par Aimé Césaire (Paris, Presses Universitaires de France, 1948), p. 7.

② *Ibid.*, p. 8.

欢呼雀跃。

“放下你的历史，放下你对过去的调查，试着融入我们的节奏。在像我们这样高度工业化的社会里，科学主义占主导地位，已经没有让你发挥敏感性的空间了。一个人要活下去，就必须坚强。现在要紧的，不再是去玩什么世界游戏，而是用整数和原子来征服它。噢，当然，有人会告诉我，当我们对高楼大厦里的生活偶尔感到倦怠时，我们会求助于你们，就好像我们求助于孩子一样——转向那种天真、朴实、自然。我们转向你，就如同转向这个世界的童年。你在你的生活中如此真实——其实，是如此可笑。就让我们暂时逃离一下我们程式化的优雅文明吧，让我们放松一下，俯身接近那些人，看看他们表情丰富又可爱的脸。从某种意义上说，你让我们同自己和解了。”

如此，我的非理性对抗上了理性，我的理性对抗上了“真正的理性”。对我而言，每一手牌都赢不了。我分析了我的遗传性，彻底地诊断了一下我的病情。我想成为典型的黑人——这已是不可能的了。我想要做个白人——那根本是个笑话。当我试着在思想和智性活动层面恢复我的黑人性时，它已经被人从我身上抢走了。证据已经表明：我的努力只不过是辩证法中的一个项：

> 但还有更重要的：如我们已经说过的，黑人为自

己创造了一种反种族主义的种族主义。他绝不希望去统治世界：他谋求废除所有的种族特权，无论这些特权来自何处；他声称与所有的受压迫者团结一致，无论他们是何肤色。如黑格尔所言，关于**黑人性**的主观的、存在的、种族的观念，立刻“过渡”为**无产阶级**的客观的、实际的、确切的观念。桑戈尔称，“对塞泽尔来说，白人是资本的象征，正如黑人是劳动力的象征……他所歌颂的，除了与他同种族的黑人之外，就是世界无产阶级的斗争”。

这说起来容易，想清楚却很困难。无疑，最狂热的黑人性诗人，同时是激进的马克思主义者，这并不是巧合。

而这并不妨碍种族观念与阶级观念之间的交叉：前者具体而特殊，后者普遍而抽象；一个来自雅斯贝尔斯所说的理解，另一个来自思想；前者是心理生物融合的结果，后者是基于经验的系统性建构。事实上，黑人性是作为辩证过程中的小项出现的：在理论和实践上主张白人至上是其正题；黑人性作为一种对立价值的立场，是否定性的契机。但是，这种否定性契机本身是不够的，用过这种契机的黑人深知这一点；他们明白，利用这种契机的目的，是为人类的融合做准备，或者是为实现一个无种族社会做准备。因此，黑人性是其自身毁灭的根源，它是一个过渡而非结论，是一种手段而非终极目的。[①]

当读到那一页时，我觉得自己最后的机会已被剥夺。我对朋友说，“年轻一代的黑人诗人刚刚遭受了永远不可原谅的打击”。他们向一个有色人朋友求助，这个朋友也没有找到更好的答复，只是指出他们行为的相对性。这一次，这位天生的黑格尔信徒忘了，意识必须在绝对的暗夜中失去自身，这是获得自我意识的唯一条件。他唤起了与理性主义相对立的否定面，却忘记了，这种否定性的价值来自一种几乎本质的绝对性。致力于体验的意识，对于自身存在的本质和测定一无所知，也必须一无所知。

《黑色俄尔甫斯》问世的日子，标志着黑人经验的理性化。萨特之失，不仅在于他要寻求那个大写的源流之源，而且在于他在某种意义上封锁了那个源头：

> 诗歌之源会枯竭吗？还是说，巨大的黑色洪流终究会印染它涌入的大海？这不重要：每个时代都有自己的诗歌；每个时代的历史环境都会开创只能通过诗歌表达或超越的情境，以此选择一个民族、一个种族、一个阶级来接过火炬；有时候，诗意的冲动与革命的冲动同时发生，有时候又各走殊途。今天，让我

① Jean-Paul Sartre, “Orphée Noir”, pp. xl et suiv.

> 们为历史的转折欢呼，它将使黑人可能发出“令世界震撼的伟大的黑人口号”（塞泽尔）。①

所以，不是我为自己创造了意义，而是，意义已然在那里先在地等待着我。我并不是出于我身为黑人那糟糕的悲惨、那糟糕的牙齿，以及那糟糕的饥饿，才要塑造一个火炬来焚毁世界，而恰恰是那个火炬，它已然在那里等待着历史的转折。

就意识而言，黑人意识被认为具有一种绝对的密度，其中充满了黑人意识本身，它是一个先于任何入侵、任何用欲望消灭自我的阶段。在这部著作中，萨特摧毁了黑人的热情。与历史进程的演变相反，总是存在着不可预见之物。我需要在黑人文化认同中彻底地失去自我。也许有一天，在那不幸的浪漫主义的深处……

无论如何，我需要这种不知晓。这种斗争，这种新的拒绝必须呈现出完整性的一面。最讨厌的莫过于这种老生常谈：“你将会改变，我的孩子；我年轻时也那样……瞧，都会过去的。”

证明我获取自由之必要性的辩证法，驱使我脱离自我。它破坏了我那未被思考的地位。还是就意识而言，黑人意识在它自己眼里是内在的。我并不代表某种事物的可能性，我完完全全就是我自己。我不需要去寻找普遍性。

① Jean-Paul Sartre,“Orphée Noir”, p. xliv.

在我的内部，任何地方都不具有可能性。我的黑人意识并不把自己显示为一种缺乏。它就是缺乏。它是自己的追随者。

但是我会被告知，你的表述显示出对历史进程的误读。那就来听听：

> 非洲，我一直记得你，非洲
> 你在我的体内
> 如同伤口中的刺
> 如同村子中央的守护神
> 让我成为你投石器中的石子
> 让我的嘴舔舐你的伤口
> 让我的膝成为你的断折的卑微的柱子
> 但是
> 我愿只属于你的种族
> 所有土地上的工人农民……
> ……底特律的白人工人阿拉巴马的黑人苦力
> 受资本主义奴役的无数国家
> 命运让我们肩并肩
> 批判关于血液禁忌的古老诅咒
> 我们将孤独的废墟推滚开来
> 如果洪水是边界
> 我们将除去沟壑之上无尽的

层流

如果锯齿山脊是边界

我们将粉碎支撑科迪勒拉山系

的火山巨颚

平原将成为黎明的阅兵场

我们要在那里重新集结

被主子的谎言搅散的力量

如同五官之间的矛盾

创造出脸庞的和谐

我们要宣布地表上所有民族

苦难

和反抗的同一

我们要从偶像的尘埃中

配置手足相亲时代的灰浆。①

我们要回应，完全正确，黑人的经历不是一个整一，因为不是只有一个黑人，而是存在着复数的黑人。譬如，在另一首诗中，差别可真大呢：

白人杀害了我的父亲

因为我的父亲很自豪

白人奸淫了我的母亲

① Jacques Roumain, *Bois-d'Ebène*, Prelude, sur *Anthologie de la nouvelle poésie nègre et malgache*, p. 113.

因为我的母亲很美丽
白人在烈日炙烤的道路上
耗尽了我兄弟的体力
因为我的兄弟很强壮
然后白人向我走来
他的双手沾满鲜血
把他的轻蔑啐在我黑色的脸上
他用暴君的声音说：
“嘿，小鬼，水盆，毛巾，水。”①

还有另一首：

我兄弟的牙在伪善者的恭维面前
　闪着亮光
我兄弟带着镶金边的眼镜
主人的声音一响，他的眼睛就变成
　蓝色
我可怜的兄弟穿着带丝绸翻领的晚宴礼服
发着咯咯声，说着悄悄话，大摇大摆地走过
　纡尊降贵的会客厅
你真可怜
祖国的太阳如今不过是

① David Diop, *Trois Poèmes*, Le temps du martyre, p. 174.

你冷静的文明人脸上的

　影子

你祖母的茅屋

叫你的脸颊羞得绯红

　那脸因经年的卑微和过错变成了白色

但是当那些高傲的空洞言辞如潮水般回涌

就像压在你肩上的负累

你再次走上非洲高低不平的红土地

这些痛苦的语汇将表达你那不安的

　步态的节奏

我在这里感到如此孤独，如此孤独！[①]

人们时常想停下来，陈述现实是一项累人的工作。但是，当人们在意念中想要表达存在时，却可能只是发现不存在。可以肯定的是：正当我试图理解自己的存在时，萨特——他依旧是他者——给了我一个名字，因而粉碎了我最后的幻想。当我对他说：

我的黑人性既非塔楼亦非教堂

它刺进了红红的太阳里

它刺进了燃烧的天空中

它冲开了由自己的耐性之柱构成的重重沮丧……

① David Diop, *Le Renégat*.

当我带着一阵强烈的黑人存在感与愤怒喊出这些诗句时，他却提醒我，我的黑色特性只是一个小项。真的，我告诉你，我的双肩事实上滑出了世界的框架，我的双脚再也感受不到地面的触摸。于我而言，没有一个黑人的过往，没有一个黑人的未来，便不可能活出黑人的身份。尚未成为白人，也不再是个彻头彻尾的黑人，我是被诅咒的人。萨特忘了，黑人在身体上经受的痛苦与白人大不相同。① 白人和我之间的联系是一种不可逆转的超越性②关联。

然而，我的恒久的爱已被遗忘。我把自己定义为开放性的绝对张力。因此我拾起自己的黑人性，含泪将这部机器再次组装起来，用双手那如同藤蔓的直觉，重新复原与构建那些支离破碎的部件。

我的喊叫变得愈加猛烈：我是一个黑人，我是一个黑人，我是一个黑人……

然后我可怜的兄弟出现了——他的神经官能症发展到极致，并发现自己已然麻痹了：

> 黑人：夫人，我不能。

---

① 尽管萨特对他者存在的思辨可能是正确的（我们必须记住，《存在与虚无》正确地描述了一种异化的意识），但是，将这些思辨应用于黑人意识，却被证明是错误的。因为白人不仅是大他者，而且是主人，无论是真实的还是想象的。

② 让·瓦尔（Jean Wahl）在《人类存在与超越》（*Existence humaine et transcendance*）中使用了该词。文中指的是让·瓦尔意义上的超越性。（Neuchâtel，La Baconnière，1944）.

莉齐：为什么不能？

黑人：我不能向白人开枪。

莉齐：确实！这会惹怒他们，是吗？

黑人：他们是白人，夫人。

莉齐：那又怎样？也许就因为他们是白人，所以有权利让你像头猪一样流血。

黑人：但是他们是白人。

一种自卑感？不，是一种不存在的感觉。生为黑人是原罪，就如同生为白人是美德。所有那些手中握枪、归属于一个集群的白人，都不可能有错。我有罪。我不知道自己有什么罪，但是我知道我不好。

黑人：事情就是这样的，夫人。白人总是这样的。

莉齐：你也一样？你感觉有罪吗？

黑人：有，夫人。①

这是比格·托马斯（Bigger Thomas）——他害怕了，害怕极了。他害怕了，可是他在怕什么呢？怕他自己。还没人知道他是谁，但是他明白，当世界发现他是谁时，恐惧就会充满整个世界。如果世界知道了黑人，就总是对他有所期待。他怕万一被世界知道了，他怕，如果世界知道

① Jean-Paul Sartre, *La Putain respectueuse* (Paris, Gallimard, 1947). Voir aussi: *Je suis un nègre*, "Home of the Brave", film de Mark Robson.

了黑人，它便会感到害怕。就好像那个跪下来求我将她捆在床上的老妇：

> “医生，我就是知道：那个东西随时随刻会抓住我。”
>
> “什么东西?”
>
> “杀死我自己的念头。把我捆起来，我害怕。”

最后，比格·托马斯采取了行动。为了结束自己的紧张不安，他行动了，他对世界的期望作出了回应。[1]

《如果他喊叫，就让他叫》[2]（*S'il braille*，*Lâche-le*）中的人物也是如此——他所做的，正是他不愿干的事。那个总是挡他路的大个儿金发女人，脆弱、性感、投怀送抱、开放、惧怕（渴望）被强奸，最后成了他的情人。

黑人是白人手中的玩具；因此，为了打破这地狱般可怕的循环，他爆发了。每看一次电影，我都必定会看见一个自己。我等待着我。就在电影开始之前的间隙，我等待着我。电影里的人看着我，打量着我，等待着我。一个黑人仆从就要出现了。我的心叫我晕头转向。

在太平洋战争中负伤致残的老兵对我兄弟说：

> 对你的肤色认命吧，就像我习惯我的义肢，我们

① Richard Wright, *Native Son* (New York, Harper, 1940).

② Chester Himes, *S'il braille*, *Lâche-le* (Garden City, Doubleday, 1945).

都是受害者。[1]

但是，我拼尽全力地拒绝接受那种截肢。我感觉自己的灵魂像世界那么广大，像河流那么深邃，我的胸中藏着无限膨胀的力量。我是主人，却被奉劝应像瘸子那样谦卑。昨天，我醒来看着世界，天空完全转了个儿。我想奋起，但是，那被掏空了内脏的沉默又落在我身上，它的翅膀失去了起飞的力量。没有了责任感，我跨坐于虚无和无限之上，开始哭泣。

---

① *Je suis un nègre.*

第六章

黑人与精神病理学

精神分析学派研究了在特定文明区域，特定人群中出现的神经过敏反应。为了回应辩证法的要求，我们应该研究，弗洛伊德或阿德勒的结论，在多大程度上可应用于对有色人种世界观的理解。

精神分析的任务是：在以家庭为代表的特定群体内，理解特定的行为模式，这一点怎么强调也不为过。当问题表现为成年人经历的神经官能症时，分析者的任务是：在新的心理结构内发现与婴儿期相似的某些要素，一种重复，一种冲突的复制，其根源是家庭的实质问题。分析者在所有案例中，都坚持把家庭当作一个"精神环境和客体"① 的概念。

然而，这里的情形将会特别复杂。在欧洲，家庭实际上代表了世界呈现在孩子眼前的某种方式。家庭结构与国

---

① Jacques Lacan, "Le complèxe, facteur concret de la psychologie familiale", *Encyclopédie française*, pp. 8 - 40, 5.

家结构之间有着密切的关系。一个国家的军事化和权力集中化，自然而然地导致父亲权威的复兴。在欧洲以及任何一个具有文明或开化特征的国家，家庭是一个国家的缩影。当孩子从父母的阴影中走出来时，他发现自己再次置身于同样的法律、同样的原则和同样的价值判断之中。成长于正常家庭的正常孩子会成为一个正常的人。[①] 家庭生活与国家生活之间并无不相称之处。反之，当人们检视一个封闭的社会——即一个不受文明洪流影响的社会——就会遭遇刚才描述的相同结构。譬如，神父特里勒（R. P. Trilles）的《非洲俾格米人的灵魂》（*L'âme du Pygmée d'Afrique*）就令我们确信这一点；尽管人们通过书中所有的文字意识到，野蛮的黑人灵魂需要被基督化，但全书对整个文化的描述——崇拜的情形、仪式的持续、神话的存留——完全没有《班图人哲学》（*La philosophie bantoue*）给人的那种人为印象。

在两种情况下，家庭的特征都投射在社会环境上面。确实，小偷或窃贼的孩子习惯了某种氏族法律体系，他们发现世界上其他人的行为不一样，会感到很惊讶，但是，

① 我愿意相信，自己不会因为这句话而受到审判。怀疑论者总会找到恰当的时机问我，“你说的正常，是什么意思?”就目前来说，回答这个问题超出了本书范围。为了安抚那些更加坚持的人，我给他们介绍一本乔治·康吉莱姆（Georges Canguilhem）的著作——《正常与病态》（*Le normal et le pathologique*, Paris, Société d'Editions, 1950），尽管该书研究方向仅限于生物学方面。我只补充一点，在心理学领域，正常人是那些提出要求、恳求和请求的人。

新的教育——堕落或成长受阻的情况除外（厄伊埃）[①]——能够对他们进行道德教化，引导他们形成社会化的世界观。

显然，在所有这些情形中，弊病在于家庭环境。

> 于个人而言，国家权威是家庭权威的再生产，而个人是在儿童时期被家庭权威所塑造的。个体最终将他此后遇上的所有权威，同化为父母的权威：他依照过去来理解当下。个人对于权威采取的行为，与所有其他人类行为一样，是通过学习而获得的。这种行为在一个家庭的内核中被习得，从心理学角度来看，它可以通过特殊的家庭形式——即家庭权力如何分配和行使——来描述。[②]

但是，我们观察到，有色人的情况与此相反——这是最重要的一点。一个成长于正常家庭的正常黑人儿童，与白人世界稍有接触就会变得反常。这种说法可能无法马上被理解。所以，接下来我们将论述后推一步。弗洛伊德在向布勒尔（Breuer）博士致敬时写道：

---

① 不过，即便是这一保留意见也有待商榷。参见，如朱丽叶·布托尼耶小姐（Mlle. Juliette Boutonnier）提出的问题："反常难道不是情感发展的一种极端停滞吗？它进一步因孩子的生活环境而加剧，如果不是由这种环境所造成的话，这种环境因素的影响至少与先天倾向持平。先天倾向显然是导致反常的因素，但可能不是独一的因素"（*Revue Française de Psychanalyse*［No. 3，1949］，pp. 403－404）。

② Joachim Marcus，"Structure familiale et comportements politiques"，*L'autorité dans la famille et dans l'État*（*Revue Française de Psychoanalyse*，Avril-Juin，1949）.

几乎在所有案例中，我都可以看到，这些症状可以说是情感经历的残留，我们后来将其命名为心理创伤。他们的个人品性与刺激他们的创伤场景有关。根据传统术语的含义，这些症状是由“场景”确定的，是对“场景”的记忆残留，没有必要再将它们视为神经官能症的任意而难解的结果。然而，与预期相反的是：引起这种症状的原因并非总是单一事件；相反，最常见的情况是：它源于常常是相似、重复的多重创伤。因此，有必要按照时间顺序来重现这一系列的病原性记忆，但是需要颠倒顺序来重现：最晚的放在最开始，而最早的在最末尾；如果我们跳过任何一个后续创伤，就不可能再回到第一次创伤，而第一次创伤往往是最强烈的。

这已经表达得至为明确了；每一种神经官能症都源起于特定的体验（Erlebnis）。弗洛伊德后来补充道：

确实，这种创伤已经从患者的意识和记忆中被排出了。因此表面上他免受了许多痛苦，但是，被压抑的欲望继续存在于无意识之中；它时常在关注使自己为人所知的机会，很快就回到了意识之中，不过是在一种别人不可能识破的伪装之下。换言之，被压抑的想法在意识中被另一个充当其代理者的想法、它的替代品所置换，它很快就被病态的感觉包围了，而这种病态本应通过抑制而被避免。

这些体验被抑制在无意识中。

我们在黑人的情形中看到了什么？除非我们运用荣格提出的可怕假设——它确实破坏了我们的平衡——集体无意识，否则我们将无法理解这一切。被殖民国家每天都在上演戏剧。例如，人们如何解释一个取得学士学位、去过索邦大学学习、已成为哲学教师的黑人，在任何冲突因素集结在他周身之前，就已经开始警惕了。勒内·梅尼尔（René Ménil）运用黑格尔的术语解释了这种反应。在他看来，"这是奴隶意识中受压抑的（非洲）精神被代表主人的权威象征替代而产生的后果，这个象征深植于族群的基底，其职责是维持集群秩序，就好像卫戍部队控制着一个被征服的城市"。①

在讨论黑格尔的章节中，我们将会看到，勒内·梅尼尔的判断并没有错。与此同时，我们有权向自己提出问题：当人们以其他方式完全认同白人时，如何解释20世纪的这种持续的黑人反应？变得不正常的黑人，通常从未与白人有过任何关联。是否某些遥远的经历在他的无意识中被压抑了？是否黑人小孩曾目睹其父被白人毒打或处以私刑？是否存在真正的创伤？对于所有这些问题，我们必须

---

① Citation empruntée à Michel Leiris, "Martinique, Guadeloupe, Haiti", *Les Temps Modernes* (Février, 1950), p. 1346.

回答：不是。那么，然后呢？

如果要正确作答，我们就不得不借助于集体宣泄的理念。在每一个社会，每一个集体中，存在着——必定存在着——一个渠道，一个出口，以侵略形式累积的力量通过它得以释放。这是儿童机构设置游戏的目的，是群体疗法设置心理剧的目的，更普遍地说，是儿童插图杂志的目的——当然，每一种类型的社会都需要自己特定的宣泄方式。人猿泰山的故事、12岁探险家的传奇、米老鼠的历险以及所有的漫画书，事实上都是集体侵略的释放。这些杂志是由白人为白人小孩收集整合的。这是问题的核心所在。在安的列斯群岛——我们有充足的理由认为，在其他殖民地也一样——当地的孩子也爱看同样的杂志。在这些杂志里，黑人或印第安人总是象征着狼、恶魔、恶灵、坏蛋、野人；由于人们总是对胜利者抱有认同感，于是，这个小黑人与小白人一样，很容易就变成了一个探险家、一个冒险家、一个传教士，一同"面临着被邪恶的黑人吃掉的危险"。有人会告诉我，这并不重要；但这只是因为，说此话的人并没有考虑这类杂志产生的作用。以下是莱格曼(G. Legman)对这些杂志的看法：

> 除了极少数例外情况，在1938年，美国的每一位儿童到6岁时，已经吸收了至少18000个有关残忍折磨和血腥暴力的场景……在人们鲜活的记忆中，除了

> 布尔人之外，美国人是唯一一个将土著彻底逐出其强占土地的现代民族。[①] 因而，只有美国人才会有需要安抚的不安的国民良知，其方式是通过制造“坏印第安人”[②] 的神话，其目的是日后能叫国民回忆起那个有着高贵红皮肤的历史人物，他为了保卫自己的土地，抵御带着步枪和圣经的入侵者，但最后徒劳无功；只有通过否认对错误负有责任，并将责任推给受害者，才能转移我们本应受到的惩罚；还通过证明——至少要令我们自己感到满意——我们的第一次，也是唯一一次猛击，只是以正当防卫为由采取的行动……

莱格曼在预期这些杂志对美国文化产生的影响时继续说：

> 这种对暴力和死亡的疯狂执着，是否替代了一种被禁止的性行为？又或者，是否它的目的并不是沿着一条性审查的开放路线，来疏导儿童和成人对经济及社会结构的侵略欲望（尽管他们完全同意这种结构，却因此而变得反常）？这些问题依旧没有答案。在两种情况下，反常的根源，无论是性的还是经济的，都

① 在这一点上，值得注意的是：加勒比人在法国和西班牙探险者的手上，也经历了同样的命运。

② 对“坏印第安人”的贬低性歪曲。

是本质的；这就是为什么只要我们依旧无法攻击这些根本性的压抑，那么针对像漫画书之类简单逃逸装置的所有攻击，仍然是无效的。[①]

安的列斯群岛的黑人学童，在课堂上总是谈论着“我们的祖先，高卢人”，[②] 他们将自己等同于那些探险者，文明的使者，给野蛮人带来真理——完全白色的真理——的白人。存在着一种认同——即年轻的黑人主观上采取了白人的态度。他们把自己全部的侵略性倾注在这个白人英雄身上——在那个年代，他们的侵略性，与一种充满施虐快感的牺牲奉献紧密相连。一个赠送礼物的 8 岁小孩无法忍受被拒绝，即便这个礼物是送给成人的。人们渐渐观察到，安的列斯青年形成并固化了一种态度，它本质上是一种白人的思考和观察方式。上学时，他必须阅读白人讲述的野蛮人的故事，那时他常常想到塞内加尔人。在我还是学童时，总是连续花上数小时，谈论那些被假定为野蛮人的塞内加尔人的习俗。谈论的内容中缺少一种最起码的矛盾意识。因为安的列斯人并不认为自己是黑人，而认为自己是安的列斯人。黑人住在非洲。在主观和智性上，安的

---

① G. Legman, “Psychopathologie des Comics” (traduit par H. Robillot, *Temps Modernes*, No. 43, 1949), pp. 916 et suiv.

② 在人们就马提尼克岛教育的这个方面作报告时，总能看到笑脸。笑容之所以会出现，是出于显而易见的滑稽性，但是没有人去追索其后来的影响。然而，这些都是重要的面相，因为，三四个这样的表述方式，就是安的列斯青年形成其世界观的基础。

列斯人的行为举止都表现得像个白人。但是，他就是一个黑人。这一点，一旦去到欧洲，他就会明白了；他会认识到，当他听见人们提及黑人，这个词既包括他自己也包括塞内加尔人。在这个问题上，我们要得出什么结论呢?

将同样的“恶灵”强加于白人和黑人，这在教育中是一项重大失误。如果人们愿意试图从表现本我的意义上理解“恶灵”，那么这个观点就可以理解。如若要做到完全坦率，我们必须说，孩子们的儿歌也受到同样的批评。人们已经注意到，他们就想创办一些专供黑人阅读的儿童杂志，创作一些专供黑人儿童咏唱的歌曲，最后，他们就想出版一些专供黑人学习的历史文本，至少应用于文法学校的各个年级之中。因为我认为，如果存在创伤，它就发生在那些年里，除非有证据证明并非如此。安的列斯青年是随时会被召唤，去与白人同胞共同生活的法国人。人们往往忘记了这一点。

白人家庭是某种特定制度的代理人。社会其实是寓于其中的所有家庭的总和。家庭是一个机构，它预示着一个更大的机构：社会或民族群体。二者均围绕同一轴线转动。白人家庭是一个工场，人在其中被塑造，为迎接社会生活而接受训练。马库斯（Marcus）说：“家庭结构内化在超我中，并且投射在政治行为上（虽然我要说的是社交行为）。”

黑人小孩只要还待在自己的人民当中，就会和白人小孩一样，依循几乎同样的路线。但是，如果去了欧洲，他将不得不重新评估自己的命运。因为黑人在法国——即他们自己的国家——会感觉和其他人不一样。人们可能会听到这样的诡辩：黑人使自己变成了劣等人。但事实是：白人使他变成了劣等人。安的列斯青年是常被召唤去与白人同胞共同生活的法国人。如今，安的列斯家庭实际上与国家的——即法国的或欧洲的——结构没有关联。因此他们不得不在他的家庭和欧洲社会之间进行选择；换言之，在想象的层面上，爬上白人或文明社会的个人，倾向于拒绝其黑肤色的、未开化的家庭，这与我们早前讨论的幼儿期体验一致。在这种情况下，马库斯的模式变为：

家庭←个人→社会

家庭结构被投射回本我之中。

黑人认识到，关于对白人的主观态度，他所持的许多信念是不真实的。当他有了这种认识的时候，其学徒期才真正开始。而且事实证明，现实是极具抵制性的。但是，有人会提出反对意见：你只是在描述一种普遍现象，成熟的标准事实上是对社会的适应。我的回答是：这种批评走错了方向，因为我只是表明，黑人要面对一个神话。一个已然得到牢固认可的神话。只要黑人的存在局限于他自身的环境中，他就意识不到这一点；但是在他与白人的第一次遭遇中，整个的黑人性之重就使他感到了沉重的压迫。①

然后是无意识。由于种族戏剧是公开上演的，黑人没有时间“将其变成无意识”。而另一方面，白人在某种程度上成功做到了这一点，因为出现了一个新的因素：内疚。黑人的自卑或优越情结，抑或是他的平等感是有意识的。这些情感总是使他感到不寒而栗。它们构成了他的戏剧。在黑人身上，没有任何典型的神经官能症患者的情感健忘症。

每当我读到一部精神分析著作，或是与教授们讨论问题，又或是与欧洲患者交谈，我都对相应的模式与黑人呈现的现实之间的差异感到吃惊。它渐渐引导我得出以下结论：当人们从白人的心理转向黑人的心理时，存在着一种辩证的替代。

夏尔·奥迪埃所描述的②最早的价值，在白人和黑人那里是不同的。驱动社会化的力量并非源于同样的动机。我们在冷酷的现实中改变世界。一项全面细致的研究应分

---

① 有鉴于此，应该想起萨特说过的话：

有些孩子，在五六岁时就已经开始和那些喊他们“犹太佬”的同学打架了。其他孩子可能在很长一段时间里仍处于无知状态。我熟知的一个家庭里的犹太小女孩，直到15岁才明白犹太一词的含义。在占领时期，有一个犹太医生，将自己关在位于枫丹白露的家中生活，把孩子养大，只字不提他们的出身。但无论如何，他们总有一天会知道真相：有时是从身边人的笑容中察觉，有时是从谣言或侮辱中发现。发现得越迟，震惊就越强烈。他们突然间体察到，其他人都知道关于他们的事情，而自己却一无所知；人们用粗鄙又令人不安的词来称呼他们，而他们自己家里并不使用这个词。（*Réflexions sur la question juive*，pp. 96 - 97.）

② Charles Odier, *Les deux sources consciente et inconsiente de la vie morale*（Neuchâtel, La Baconnière, 1943）.

为两个部分：

一是对黑人生活经历的精神分析阐释；

二是对黑人神话的精神分析阐释。

但是，我们所依赖的现实阻止了这种进程。事实要复杂得多。是些什么事实呢？

黑人是一个引发恐惧的对象，是一种刺激人们产生焦虑的物体。从塞希尔（Sérieux）与卡普格拉（Capgras）[①] 医治的病人，到那个向我吐露与黑人上床会使她害怕的女孩，人们会发现我所说的黑人—基因恐惧症的所有阶段。关于精神分析与黑人的关系，已有许多讨论。由于对它可能的应用方式存疑，[②] 我更愿将本章标题定为“黑人与精神病理学”。我很清楚，弗洛伊德、阿德勒，甚至连博学的荣格，在他们的探索中都没有想到过黑人。他们没有想到也是合理的。人们常常忘记，神经官能症并不是人的实存的基本元素。不管你乐不乐意，黑人完全没有形成俄狄浦斯情结。有些人，如马林诺夫斯基（Malinowski），可能会争论道，母系氏族结构是俄狄浦斯情结在黑人当中缺位的唯一理由。但是，撇开以下问题——即民族学者是否并未如此沉浸在自己文明的情结中，以至于被迫在其研究的民族中找寻这种情结的复制品——先不谈，我可以相对轻松

---

① *Les folies raisonnantes*, cité par A. Hesnard, *L'univers morbide de la faute* (Paris, Presses Universitaires de France, 1949), p. 97.

② 在这里，我特别想到的是美国。参阅，如《我是一个黑人》(*Je suis un nègre*)。

地证明，在法属安的列斯群岛，97％的家庭都不能产生恋母情结。这种“无能”是我们由衷感到庆幸的。①

可以说，除了一些不适应封闭环境的人，安的列斯人身上的每一种神经官能症、每一种非正常表现、每一种异常的情绪兴奋，都是其所处文化环境的产物。换言之，存在着一个由各种假设组成的集合，一系列命题缓慢、巧妙地——借助于书本、报纸、学校及其课本、广告、电影、电台广播——渗透进一个人的思想，并形成他所属的这个群体的世界观。② 在安的列斯群岛，那个世界观是白人的，因为不存在黑人的声音。马提尼克岛上的民间故事很稀少，法兰西堡的儿童也很少知道“康佩兔子”（Compè Lapin）——路易斯安那州雷默斯大叔讲的布勒兔的孪生兄

① 就这一点来说，精神分析学家将不会愿意认同我的观点。譬如，拉康博士谈到了俄狄浦斯情结的“丰富”。但是，即使小男孩不得不杀死他的父亲，父亲接受被杀仍然是必要的。这使我想到黑格尔说的话：“孩子的摇篮是父母的坟墓”；还想到尼古拉斯·卡拉斯（Nicolas Calas）的《纵火之炉》（*Foyer d'incendie*），以及让·拉克鲁瓦（Jean Lacroix）的《家庭的力量与弱点》（*Force et faiblesses de la famille*）。战后法国道德价值的崩溃，也许是国家所代表的那个道德存在溃败的结果。我们知道，这样的创伤可能在家庭层面产生什么后果。

② 我建议那些持怀疑态度的人做一做下面的实验：在安的列斯岛和欧洲观看电影《人猿泰山》。在安的列斯群岛，年轻的黑人实际上把自己看作对付黑人的人猿泰山。在欧洲剧院，这对他来说要困难得多，因为其他的白人观众，自然而然地将他等同于银幕上的野蛮人。这是一个决定性的经验。黑人认识到，一个人身为黑人，不是没有问题。一部关于非洲的纪录片在法国城市和法兰西堡放映时，也引起了类似的反应。我还要说，布希曼人和祖鲁人在年轻的安的列斯人当中，甚至引起了更多笑声。在这种情况下，反应性的夸张，透露出了一种认可暗示。将这个过程说明白，将会很有意思。在法国，一个黑人观看这部纪录片之后，几乎惊呆了。在那里，他不再有逃离的希望：他同时是安的列斯人、布希曼人和祖鲁人。

弟——的故事。例如，熟悉黑人诗歌当前发展趋势的欧洲人会惊讶地发现，直到1940年，安的列斯岛尚无一人认为自己是个黑人。只在艾梅·塞泽尔出现之后，人们才开始接受黑人性及其声称的主张。此外，最具体的证明是到达巴黎的每一代新学生普遍的感受：他们花了几周的时间意识到，与欧洲的接触，迫使他们面对一些问题，而这些问题在他们抵欧之前从未触及过。而且，这些问题是显而易见的。①

每当我和教授们共同讨论，或是与欧洲病人交谈时，就意识到可能广泛存在于两个世界之间的差异。近期我与一位在法兰西堡执业的医生交谈，告诉他我的结论；而他走得还更远，称这些结论不仅适用于精神病理学，而且适用于普通医学。他补充道："同样，你永远不会碰到教科书中教过的纯粹的伤寒病例；你总是会遇上一些明显的疟疾并发症。"研究黑人精神分裂症案例——如果确实发现黑人患有那种疾病的话，那将是很有趣的。

我要说的究竟是什么意思？很简单：黑人接触白人世界时，会出现某种敏感化的行为。我们观察到，如果他的心理结构不牢固，其自我就会崩溃。黑人不再表现为一个

① 更特别的是：他们意识到，他们所选择的自尊路线应该被倒转。事实上，我们已经看到，去往法国的安的列斯人，将这段旅程描绘成其人格养成的终极阶段。我可以毫不夸张、绝对正确地说，为了让自己相信自己是白人而去法国的安的列斯人，将会在那里找到自己的真面目。

行为人。他的行为目的将是（伪装成白人的）他者，因为只有他者才能给他价值。这是从道德层面上而言的：自尊。但是，还有其他东西。

我已经说过，黑人会令人产生恐惧症。什么是恐惧症呢？我更愿意借助埃斯纳尔（Hesnard）的新近著作来回答这个问题："恐惧症是一种神经官能症，其特征是对一个客体（从最宽泛的意义上说是个体之外的任何东西），或者进而对一种情境感到焦虑与惧怕。"[①] 当然，这个客体有某些面向。埃斯纳尔称，它必定引起恐惧与厌恶两种情感。但是在这里，我们面临着一个困难。夏尔·奥迪埃用遗传学的方法来理解恐惧症，他写道，一切焦虑都源自一种特定的主观上的安全缺失感，这种安全缺失感与母亲的不在场相关。[②] 根据奥迪埃，这种情况有时出现在出生后的第二年。

奥迪埃对恐惧症的心理结构进行了调查，并得出以下结论："在指责成年人的信仰之前，必须分析产生这些信仰的婴儿期结构的所有因素。"[③] 恐惧对象的选择因此是既定的。这种对象不是从虚无的空虚中任意产生的；在某些情况下，它已经在病人身上唤起了一种情感。恐惧症在其

---

① Hesnard, *L'univers morbide de la jaute* (Presses Universitaires de France, 1949), p. 37.

② Charles Odier, *L'angoisse et la pensée magique* (Neuchâtel, Delachaux, 1947), p. 38.

③ *Ibid.*, p. 65.

所处世界的根源处，是这种情感的潜在性存在；还有一种被赋予形式的组织。当然，这个对象不需要在那里，它只需存在于某处便足够了：它是一种可能性。这个对象被赋予邪恶的意图和一个邪恶力量的所有属性。[①] 在恐惧症患者身上，情感具有一切理性思维所无法理解的优先性。正如我们所见，恐惧症患者是被理性前逻辑和情感前逻辑的规律所支配的人：他的思维和感觉方式，可以追溯到他的安全感受到创伤的年龄。这里的困难是：在我们早前提及的年轻女性的案例中，是否有过危害安全感的创伤？是否大多数恐惧黑人的男性都有过强暴的企图？是否有一种口交的企图？如果完全遵循正统说法，我们应该将分析性结论应用于这一点：如果一个极其令人恐惧的对象，比如一个多多少少是想象出来的攻击者，引起了恐怖，那么，这也尤其是一种夹杂着性厌恶的恐惧——因为这类情形多发生在女性身上。当恐惧的动机被阐明时，“我害怕男人”这句话，真正的意思是性侵犯——换言之，是不道德和可耻的事情，因为他们可能对我做出各种事情，而不是普通的残忍行为。[②]

“仅仅接触就足以引发焦虑。因为接触也是引发性行为的基本模式类型（触摸，爱抚-性行为）。”[③] 既然我们已

---

① Charles Odier, *L'angoisse et la pensée magique*, pp. 58 et 78.

② Hesnard, *op. cit.*, p. 38.

③ *Ibid.*, p. 40.

经知道了自我为自保而使用的所有技巧，我们也就知道，绝不能从字面上理解它所做的否认。现在，我们是不是看到了一种彻底的倒置？从根本上说，对强奸的恐惧本身难道不是在大声呼唤强奸吗？正像有人伸出脸要求被打耳光，我们难道不能谈谈要求被强奸的女人吗？在《如果他喊叫，就让他叫》一书中，切斯特·海姆斯（Chester Himes）很好地描述了这种类型。每当黑人走近，那个高个子金发女郎就会颤抖。可是她没什么可怕的，因为工厂里全是白人。最后，她和那个黑人上床了。

我在军队服役期间，有机会看到三四个来自欧洲国家的白人女性，在舞会上与黑人待在一起时的所作所为。大多数时候，这些女人不由自主地做出逃跑、退避的姿态，她们的脸上充满了一种并非假装的恐惧。然而，邀请她们共舞的黑人，绝对无法做出违背她们意愿的任何行为，即便他们想这么做。从想象的角度来看，这些女人的行为是可以理解的。那是因为，有黑人恐惧症的女性，事实上只是一个假定的性伴侣——正像有黑人恐惧症的男性就是一个被压抑的同性恋。

关于黑人，所有事情都发生在生殖层面。几年前，我在一次讨论上对一些朋友说，在一般意义上，白人对黑人的行为，就像一个兄长对弟弟的出生做出的反应。在那以后，我知道理查德·斯特巴（Richard Sterba）在美国也得出了同样的结论。在现象学层面，我们还可以观察到双重现实。人们惧怕犹太人，是源于他们潜在的占有欲。“他们”无处不在。“他们”遍布于银行、证券交易所。“他们”控制了一切。很快整个国家将会属于“他们”。“他们”在考试中比“真正的”法国人表现得更优秀。很快“他们”就会给我们制定法律。前不久，一个准备参加公务员考试的熟人对我说，“不管你想说什么，‘他们’相互之间照应得很好。莫克（Moch）掌权时，在政府工作的犹太人数量多得惊人”。医学界的情况并无不同。每一个在比赛中获奖的犹太学生，都是通过“牵引”的方式取得成功的。至于黑人，他们拥有惊人的性能力。你们无法预料，他们在丛林里多自由自在！他们随时随地都在交配。他们是真正的生殖器，生了如此之多的孩子，以至于数都数不过来。小心点，不然他们生的混血孩子会泛滥，把我们给淹没了。

事情真是要完蛋了……

政府和行政机构受犹太人支配。

我们的女人受黑人支配。

因为黑人的性能力使人产生幻觉。确实是这个词：这种能力必定会使人产生幻觉。研究这个问题的精神分析学家，很快就会发现所有神经官能症的发生机制。性焦虑在这里占主导地位。我认识的所有患黑人恐惧症的女性，其性生活都不正常。她们的丈夫都已离去；她们要么是寡妇，且害怕寻找死去丈夫的替代者；要么离异，且对发展新对象的想法心生怀疑。她们都赋予黑人以能力，而这能力是其他人（丈夫，露水情人）并不具备的。另外也存在一种反常因素，婴儿期结构的持续：天知道他们是怎么做爱的！一定很恐怖。①

有一个表达式，随着时间的推移变得异常色情：黑人运动员。一位年轻女性向我吐露，有些事情，单是想想就让她心跳加速。还有一位妓女告诉我，她早年时只要一想到和黑人上床，就会到达高潮。她去找黑人，却从不收他们的钱。但是，她补充说，"和他们上床并不比和白人上床更棒。在和黑人上床之前，我就已经到了高潮。我过去常常想（想象）着他们可能对我做的所有事情：那才是最妙的"。

还是在生殖层面上，当一个白人男性痛恨黑人男性时，他难道不是受制于一种无能感或性能力自卑感吗？由于他的理想是拥有无限的生殖力，而黑人被视为阳物象征，在他身上难道不是出现了一种与黑人相关的性能力的缩减现象吗？对黑人处以私刑，这难道不是一种性报复

---

① 在约阿希姆·马库斯的著作中，我们遇到了这样一种观点，即社会神经官能症——如果你愿意，也可以说是与他者交互过程中的正常行为，无论这个他者是谁——与个人情况密切相关：

> 对我们所做的问卷调查的研究显示，反犹情绪最强烈的人，属于最具冲突性的家庭结构。他们的反犹主义是对在家庭环境内部遭受挫折的一种反应。证明犹太人在反犹主义中是一个替代物的事实是：依据不同的当地情况，同样的家庭条件将产生憎恨黑人、反天主教或反犹主义情绪。人们因此可以表明，与普遍观念相反，是态度在寻求内容，而非内容创造了态度。（"Structure familiale et comportements politiques", op. *cit.*, p. 282.）

吗？我们都明白，在所有的残暴、折磨、殴打中包含了多少性行为。人们只需重读一下萨德侯爵（Marquis de Sade）的那几页文字，就能确定这一事实。黑人的优越性是否真实呢？所有人都知道，那不真实。但这并不是问题的关键。恐惧症的前逻辑思维已然确定了：情况就是如此。[①] 另一个女人读了《我要唾弃你们的坟墓》（*J'crai cracher sur vos tombes*）后产生了黑人恐惧症。我向她指出，受害的白人女性和黑人一样病态，我试图以此证明她对黑人的恐惧是不合理的。另外，我还做了补充，这并不像书名暗示的那样是黑人的报复，因为作者是个白人，鲍里斯·维昂（Boris Vian）。我不得不承认，我的这些努力都是徒劳无用的。那个年轻女人不想听。任何读过这本书的人，都会立即明白她的恐惧症所显露的矛盾情绪。我认识一个学医的黑人学生，他在妇科诊所里不敢给任何一个病人做阴道检查。有一天，他告诉我，他听到她们当中有个人说："有黑人在那儿。如果他碰我，我就给他耳光。你们从不了解他们。他一定有双大手；而且一定很粗暴。"

如果人们想从精神分析角度来理解种族状况——不是站在普遍的视角上，而是从个人意识体验的角度上——那就必须对性现象给予相当的重视。在犹太人的案例中，人

① 继续用奥迪埃的术语，更准确的说法是"谬误推理"："也许可以建议使用'谬误推理'一词来描述患神经官能症的成年人的退化。"（*L'angoisse et la pensée magique*，p. 95.）

们想到的是金钱及其同源物。而在黑人的案例中，人们想到的是性。反犹主义可以在基本层面上被合理化。正是因为犹太人接手掌管了国家，他才成为一个威胁。最近，有个熟人告诉我，尽管他不是反犹分子，但不得不承认，他在二战期间认识的大多数犹太人行为都很恶劣。我徒劳地试图让他承认：这样一种陈述，来自一种坚定地想要找到犹太人本质的欲望，无论这种本质可能存在于何处。

在临床层面，我想起了那个年轻女人的故事，自从那天有人介绍她认识一个犹太人之后，她就饱受一种触觉谵妄之苦，开始不断地清洗自己的双手和双臂。

萨特曾经就反犹主义问题做过权威精彩的研究；让我们来判定一下，黑人恐惧症的成分有哪些。这种恐惧症是在本能和生理层面上发现的。如果极端一点，我应该说，黑人由于其身体的原因，阻碍了白人姿势图式的闭合——当然，是在他进入白人的现象世界的那个点上。我研究过其他身体的出现对某个身体产生的影响，但这里不是我对此研究陈述结论的地方。（譬如我们假设，有 4 个 15 岁的男孩，多少算是体格健壮，他们正在跳高。其中一人跳了 4 英尺 10 英寸，而成为 4 人当中的佼佼者。然后来了第 5 个男孩，跳出了高于前 4 人记录半英寸的成绩。这 4 人的身体于是经历了一种拆解。）在这里，对我们而言重要的是要表明生物循环始于黑人。①

---

① 基于拉康的镜像期理论，去研究通常年龄段的年轻白人身上建立起的、自己同伴的形象，在何种程度上随着黑人的出现会经历一种假想的侵略，这确实很有趣。当人们理解了拉康所描述的机制，就可能不再会怀疑以下这一点：于白人而言的那个真正的他者，是且将继续是黑人。相反，人们会相信这一点。只有对白人来说，他者是在身体形象层面被感知的，完全是作为非自我——即不可辨识者、不可同化者。对于黑人而言，如我们已经说明的，历史和经济现实都是影响因素。拉康说道，“主体在镜中识别自己的形象，是一种现象，这对于此阶段的分析具有双重意义：这个现象出现在6个月后，那时对它所做的研究，以令人信服的方式显示出当前构成该主体现实的趋势；正是因为这些密切关系，镜像提供了那个现实的极好象征：象征着如形象一般虚假的情感价值，象征着它的结构，正如它反映人的外形”。（*Encyclopédie française*，pp. 8－40，9 et 10）

我们将看到，这个发现是基础性的：主体每一次看到自己的形象，并识别它，在某种意义上，它总是他所称赞的“内在于他的精神统一”。例如，在精神病理学中，当我们审视谵妄的幻觉或阐释时，总是发现，这种自我形象是被尊重的。换言之，在精神病行为的每一个阶段，都存在着某种结构上的和谐，是个体和他所经历的各种建构的总和。除去这种忠诚可能归因于情感内容的事实之外，还有证据表明，曲解是不科学的。无论何时出现精神病性的信念，都会出现自我的复制。尤其是在迪德和吉劳所描述的焦虑与怀疑时期，他者起了作用。在这些时候，发现黑人被装扮成色狼和谋杀犯，就不足为奇了。但是在系统化阶段，此时信念正被养成，便容不下陌生人了。此外，在极端的情况下，我可以毫不犹豫地说，处于某种谵妄状态下的黑人主题（当它不是核心主题时）与其他现象，如动物幻视（译按：动物的幻觉），是被列为同一类别的。莱尔米特（Lhermitte）已经描述过身体形象的解放。在临床上，这被称为离体自窥症（译按：一个人对自己体内器官的鲜活的心理意识和细查，如同它们就在体外——一种极度的臆想症）。莱尔米特说，这种现象的发生带有突然性，这是非常奇怪的。甚至在普通人当中（歌德、泰纳等）也会发生。我认为，对于安的列斯人，镜中幻觉永远是中立的。当安的列斯人告诉我，他们有过这种经历时，我总是会问同样的问题：“你当时是什么肤色?”他们无一例外地答道:“我是无色的。”更有甚者，在睡前幻觉和杜阿梅尔（Duhamel）那里派生的、所谓的“萨拉文化”（salavinization）（译按：参见187页注释①）过程中，重复了同样的过程。行动的、思考的、被捧上天的不是作为黑人的我。

此外，我建议那些对此类问题感兴趣的人，阅读一些10至14岁的安的列斯儿童用法语写的作文。在写命题作文“我的度假前感受”时他们的反应就像真正的小巴黎人，他们写出了这样的文字：“我喜欢度假，因为这样我就可以在田野里奔跑，呼吸新鲜空气，回家时带着红润的脸颊。”很明显，如果人们说安的列斯人并不完全理解他身为黑人的事实，这话几乎是不错的。我第一次见到塞内加尔士兵时，大概13岁。我对他们的所知，完全是从一战老兵那里听来的：“他们用刺刀攻击，刺刀不起作用时，他们就用拳头在机关枪的炮火中冲出一（转下页）

例如，没有一个反犹分子会想到要阉割犹太人。犹太人被杀死或被消毒。但是，黑人被阉割了。阴茎，男性气概的象征，被消灭了，也就是说它被否定了。这两种态度之间的差异显而易见。犹太人在其宗教身份、历史、种族、与祖先和后代的关系方面受到了攻击；当人们对一个犹太人绝育时，他们就切断了源头；每当一个犹太人受到

（接上页）条路……他们砍下人的脑袋，收集人的耳朵。”这些塞内加尔人从圭亚那开拔，在马提尼克过境。我穿行在街上，急切地寻找他们穿着制服的身影，我曾听过一战老兵们对制服的描述：红色的围巾和腰带。我父亲颇费了一些周折，收集两套带回了家，让全家人欣喜若狂。学校里的情况也是如此。我的数学老师是一名预备役中尉，曾在1914年指挥一支塞内加尔部队。他讲的一些轶事常让我们不寒而栗：“他们在祈祷时，一定不能被打扰，因为那样的话，长官就不再是长官了。他们在战斗中是雄狮，但是你得尊重他们的习惯。”现在没有必要对马伊奥特·卡佩西亚梦见自己是粉红色和白色而感到惊讶了：我得说这很正常。如果说白人被一种详细的阐述——对其同辈人理想形象的描述——所影响，类似的现象应该会出现在安的列斯群岛上，视觉感知就是这种详细描述所依据的略图。也许人们会反对以上这种说法。但是，这样说就相当于忘记，在安的列斯群岛，感知总是发生在想象层面。一个人是从白人的视角来感知自己同伴的。例如，人们说到某个人，就会说他“很黑”；在一个家庭中，听到母亲说“X是我的孩子当中最黑的”，这没什么可惊讶的——它意味着，X是白人化程度最轻的。我只能重复一遍对一个欧洲熟人的观察，我曾对他解释了这一点：就人而言，这只是一种神秘化。让我再一次指出，每一个安的列斯人都期望，所有的他者从白人本质的角度来理解他。在安的列斯群岛，正如在法国一样，人们再次遇上同样的神话；一个巴黎人说，“他是黑人，但他很聪明”；马提尼克人在表达自我时也如出一辙。二战期间，老师们从瓜德罗普岛出发，到达法兰西堡，去改学士学位考试试卷。出于好奇，我来到了他们下榻的旅馆，只是为了见一见哲学老师B先生，据说他黑得引人注目；就像马提尼克人说的，未必不带点讽刺，他是“青色的”。有一个家庭，传出了尤其出色的名声：“他们非常黑，但他们人都很好。”事实上，他们其中一人是钢琴老师，以前就读于巴黎音乐学院，另一位是女子学院的自然科学教师，如此这般。这家的父亲每天日落时喜欢在阳台上走来走去；据说，夜幕降临一段时间后，他就变成无形的了。还有一个住在乡下的家庭，据说在停电的晚上，孩子们都得笑，这样，父母才能知道他们在那儿。每逢星期一，某些穿着白色亚麻布西装的马提尼克官员，会非常小心地起身，用一个当地的比喻来形容，他们看起来“就像是一碗牛奶里的李子”。

迫害，整个种族都亲身受到了迫害。但是，黑人受到的攻击，是在他的肉身之上。他作为一个真实存在而成为威胁。对黑人性能力的恐惧替代了犹太人的威胁。马诺尼称：

> 一个被种族主义者广泛用于反对持不同信念者的论点具有揭示性，因而值得一提。他们说："如果你有个女儿，你说会把她嫁给一个黑人，你这话是什么意思?"我曾经见过看似没有种族偏见的人，在面对这类问题时失去了所有批判意识。原因是：这种论点在他们心里激起了某些不安的感觉(更确切地说是乱伦的感觉)，于是他们转向种族主义作为一种防御反应。①

在我们继续讨论之前，提出以下这一点似乎很重要：即使存在乱伦的无意识倾向，为什么这些倾向在黑人身上显得尤其特别? 在何种绝对的意义上，一个黑人女婿有别于一个白人女婿? 难道不是在两种情况下都存在无意识倾向的反应? 例如，为什么不得出结论说，父亲反感是因为在他看来，黑人会把他的女儿带进一个性的世界，而他却没有打开那个世界的钥匙、武器或属性?

所有智力上的增益都需要损失性的潜力。文明的白人对那个不同寻常的时代保留着一种非理性渴望，那是性放

---

① O. Mannoni, op. cit., p. 109.

纵合法的时代，那是充斥着狂欢场景的时代，那是免受惩罚的强奸时代，那是肆无忌惮的乱伦时代。从某种意义上说，这些幻想回应了弗洛伊德学说的生命本能。白人将自身的欲望投射在黑人身上，他们这种行为表现得好像黑人真的拥有那些欲望。当涉及犹太人时，问题是很明确的：他可疑，是因为他想拥有财富，或是想接管权力职位。但是，黑人总是被固着在生殖器上；或者，他至少在那儿固定了。两个领域：智力的和性的。罗丹（Rodin）的《思想者》被雕刻成勃起的形象，这个想法是令人震惊的。一个人不能在任何地方都体面地“变硬”。黑人象征着生物上的威胁；犹太人，是智力上的威胁。

患上黑人恐惧症，就是对生物的害怕。因为黑人只是生物性的。黑人是动物。他们光着身子到处走。只有上帝知道……马诺尼进一步说道：“人类急于将类人猿、卡利班、黑人甚至犹太人与色情狂的神话形象等同起来，于是表明，在人类灵魂的某个层面上，有一些敏感的地方，[①] 在那里思想变得困惑，性兴奋奇怪地与暴力和侵略性连接在一起。”[②] 马诺尼把犹太人也纳入他的划分范围，我看不出这有何不妥。但是在这里，黑人是占主导的。他

---

① 当我们考虑到醒梦疗法的反应，我们会看到，这些神话人物或“原型”，确实存在于人类心灵深处。每当一个个体骤然下降，他就会发现黑人，无论是具象化的，还是象征性的。

② O. Mannoni, *op. cit.*, p. 109.

是这方面的专家：如果有人说到强奸，他就是在说黑人。

我在过去三四年间询问了500名白种人——法国人、德国人、英国人、意大利人。我利用了某种信任、缓和的气氛；每次询问时，都一直等到询问对象不再犹豫时才开始坦诚对话——也就是说，直到他确信自己不会冒犯我。另外，我在联想测试的20多个词语中插入了*黑人*一词。差不多60%的回答呈现以下形式：

*黑人*使人想起生物、阴茎、强壮、健壮、力量、拳击手、乔·路易（Joe Louis）、杰西·欧文斯（Jesse Owens）、塞内加尔军队、野蛮人、动物、恶魔、原罪。

*塞内加尔士兵*用作一种刺激联想词时，唤起了恐怖、血腥、强硬、强壮这些词。

有趣的是：我发现50人中，有一人对*黑人*一词的联想反应是纳粹或党卫军；如果一个人明白党卫军形象的情感意义，他就会认识到，这与其他答案的区别是微不足道的。让我稍做补充，有一些欧洲人给我提供了帮助，将测试试卷分发给了他们的熟人。在这种情况下，这一比例明显上升。从这种测试结果看，必须承认，我的黑人身份产生了某些影响：不知不觉之中出现了某种克制的沉默。

黑人象征生物性。首先，他9岁进入青春期，10岁做了父亲；他一身热血，充满活力，结实强壮。正如一个白人不久前带着几分苦涩对我所说："你们的体质都很强健。"多么漂亮的种族——看看塞内加尔人……战争期间他们不是被称为我们的黑人鬼子吗？……不过他们一定很残忍……我只是不能想象，他们把那双大手放在我的肩上……单是想想我就不寒而栗……我很清楚，在某些情况下，我们必须从反面进行阐释，我很能理解这个极其脆弱的女人：实际上，她最想要的，是让这个强壮的黑人折磨她柔弱的双肩。萨特说，当一个人说出“一个年轻的犹太女人”这个词的时候，就会有一种想象的强奸和掠夺的、令人不快的味道……我们反过来可能会说，“一个英俊的黑人”这种表达法可能暗示着类似现象。“英俊的黑人青年”很快就被说成“小马驹”或“种马”，这种表达法转化的速度之快，常常令我吃惊。在电影《哀痛变成厄勒克特拉情结》（*Le deuil sied à Electre*）中，大量情节是基于性的争夺。奥林（Orin）指责他的姐姐维尼（Vinnie），因为她仰慕那些来自南太平洋的靓彩的裸体土著。他因此无法原谅她。①

对现实进行分析常常是困难的。对于研究对象，研究

---

① 但是，我们要记住，情况是暧昧不清的。奥林也嫉妒他姐姐的未婚夫。在精神分析层面，对这部电影可以做如下描述：奥林患有遗弃型神经官能症，对母亲念念不忘，无法为自己的力比多投注找到真正的目标。比如，我们可以观察一下他对可能要与之订婚的女孩的行为。维尼本人过分迷恋着父亲，她向奥林证明了母亲的不忠。但是，我们不要出现任何差错。她的行为是一纸诉讼（一种内投性机制）。奥林掌握了通奸的证据，将母亲的情人杀死。母亲的反应则是自杀。奥林的力比多如从前一样，需要以同样的方式进行投注，于是他转向了维尼。实际上，维尼通过其所作所为，甚至通过其外表，取代了母亲的位置。结果——电影中处理得很漂亮——奥林变成了恋上姐姐的俄狄浦斯。因此，当他的姐姐宣布要结婚的消息时，奥林深感悲痛，向姐姐发起了猛烈的责备。但是，在与这位未婚夫的冲突中，他要打败的是情绪，是感情；关于黑人，那散发着光芒的土生子，冲突在于生殖和生物层面。

者可以在两种态度之间进行选择。其一，他可以满足于仅仅采取解剖学家的方式进行描述。在对胫节的描述中，那些解剖学家如果被问及它们有多少腓骨凹陷时，都会感到很惊奇。那是因为，他们的研究从来就不涉及关于胫节本身的问题，而是关于他者的问题，我开始学医时，在解剖室做过几次令人恶心的实验后，向一个老手请教怎样才能防止这种反应。“我的朋友，你就假装是在解剖一只猫，一切就会没问题……”其二，一旦描述了现实，研究者就可能决定去改变它。然而原则上，描述的决定，似乎自然而然地暗含了一种批评方法和进一步寻求某种解决方案的需求。权威文学和逸闻文学都创造了太多关于黑人的故事，以至于无法抑制其传播。但是，将所有故事放在一起，无助于我们完成真正的任务，即揭示它们的运作机制。于我们而言，重要的不是去收集事实和行为习俗，而是去寻找它们的意义。我们在这里可以参考雅斯贝尔斯，他写过：“在现象学上，对单一实例的深刻理解，往往使我们得以将这种一般性理解运用到无数的案例中。通常，人们曾经把握了的知识，很快就会再次遇上。现象学中重要的与其说是对大量实例的研究，不如说是对一些个体案例直觉的、深刻的理解。”① 随之而来的问题是：白人能否合理地对待黑人，黑人能否合理地对待白人？

① Karl Jaspers, *Psychopathologie génerde*, traduction Kastler et Mendousse, p. 49.

一个伪问题，有人会说。但是，当我们声称欧洲文化具有黑人的理想意象，这种意象导致了可能出现的所有冲突时，我们并没有超出现实。在讨论语言的章节中，我们看到，黑人在屏幕上如实地复制了那个理想意象。甚至连严肃作家也成了它的代言人。所以，米歇尔·古诺（Michel Cournot）写的可能就是这一点：

> 黑人的剑就是一柄剑。当他把剑刺进你妻子的身体时，她确实感受到了某种东西。是启示。在它留下的裂口中，你的小玩具迷失了。不断地努力做，直到房间里充斥你的汗水味，你倒不如只是唱唱歌。这是再见……仅四个裸露着阴茎的黑人就能填满一个大教堂。在他们的勃起消退之前，他们将无法离开；离得这么近，那可不是件简单的事。
>
> 为了免受烦忧，享受畅快舒适之感，他们总有露天的空间。但是接下来，他们就面临着持续不断的侮辱：棕榈树、面包树，还有这么多其他骄傲的植物，它们不会为了一个帝国而变弱，它们永远挺立，冲破那无论花费多少代价亦不易企及的高度。①

当人们把这些段落读上十几遍，自由想象——即听任段落中的意象移动时——人们便不再意识到黑人的存在，

① Michel Cournot, *Martinique* (Paris, Collection Métamorphoses, Gallimard, 1948), pp. 13 - 14.

而只剩下一个阳物了；黑人被遮蔽了。他被转化成了一个阴茎。他就是阴茎。人们很容易就能想象出，如此这般的描述，在一个里昂年轻女孩的心里可能产生什么刺激。恐惧？性欲？无论如何不会是无动于衷。现在，真相是什么呢？帕莱斯（Pales）医生说，非洲黑人阴茎的平均长度是120毫米（4.6244英寸）。泰斯蒂（Testut）在其《人类解剖学论文》（*Traité d'anatomie humaine*）中向欧洲人提供了相同的数值。但是，这些事实并不能说服任何人。白人深信，黑人是野兽；使他产生这种意识的，如果不是阴茎的长度，那就是他们的性能力。面对这个“与自己不同”的人，他需要自我保卫。换言之，就是使他者人格化。他者将成为其关注与欲望的支柱。[①] 我早前提及的那个妓女

---

① 一些作家试图说明，为什么白人不理解黑人的性生活，因而接受了偏见（从该词词源意义上而言）。人们由此也可以在德·佩德拉尔的著作中找到这段文字，尽管它的确传达了真理，但仍然忽视了白人“观点”的深层原因：

黑人儿童对生殖的事实既不感到惊讶，也不感到羞耻，因为他想知道什么，就被告知了什么。非常明显的是：无须诉诸微妙的精神分析，这种差别必然会影响他的思维方式，进而影响其行为方式。由于性行为是作为最自然的，甚至最值得称道（就其所追求的目标——怀孕——而言）的事情呈现在他眼前的，非洲人将在其有生之年保持这种观点；而欧洲人，只要他活着，就会一直无意识地抱有一种罪恶情结，无论是理性还是经验，都无法完全将其驱散。因此，非洲人倾向于把他的性生活视为其生理生活的一部分，就好像吃饭、喝水、睡觉一样。……人们会认为，这类概念阻止了心理扭曲，而欧洲人为了调和受折磨的良心、摇摆不定的理智和失意受挫的直觉之间的矛盾，却被引向那种心理扭曲。因此，根本的差别，并不是性质或构成性的差别，而是概念的差别；也因此产生了以下事实：被剥去文学丰碑所赋予光环的生殖本能，并不像是在我们自己的生活中一样，它根本不是非洲人生活中的主导因素，尽管已然存在着太多学生所作的各种声明。**他们倾向于使用分析自己的单一方法，来解释其所见之物。**（Denis Pierre de Pédrals, *La vie sexuelle en Afrique noire*, Paris, Payot, 1950, pp. 28－29.）（楷体为笔者所加。）

告诉我，她对黑人的追猎始于听说以下这个故事：某天晚上，一个和黑人睡在床上的女人疯了；她的疯癫持续了两年，但是治愈后，仍拒绝与其他所有人上床。妓女并不清楚，是什么驱使那女人发了疯。但是，她拼命地想要复制同样的情形，要发现这个不可言喻的秘密。人们必须承认，她想要的，是在性层面上对自身存在的毁灭、分解。她对黑人的每一次实验都强化了她的局限性。性高潮的谵妄状态是不可企及的。因为无法体验这种性高潮的谵妄，所以她在推测思索中失去了自我，以此为自己报仇。

在这一点上，必须提及一件事：一个与黑人交往的白人女性会发现，很难回到白人男性身边。至少，人们会认为，尤其是白人男性会认为："谁知道'他们'能给一个女人什么?"确实，谁知道呢？当然，"他们"是不会知道的。在这个问题上，我无法忽略艾蒂安布勒的意见：

> 种族嫉妒产生了种族主义的罪行：于许多白人男性而言，黑人就是那把了不起的剑，它一旦刺穿了他们的妻子，就会令她们永久变形。关于这一点，我的统计资料来源无法给我提供文献证明。然而，我认识一些黑人和一些拥有黑人血统的白人女性，也认识一些交了白人男友的黑人女性。我从他们那里听说了足够多的秘密，因此对米歇尔·古诺先生将其才能运用于一则寓言的复兴这一事实感到痛惜，在这个寓言

中，白人总是能够找到一种似是而非的论据：羞于启齿又将信将疑，因此是加倍有效的。[①]

对现实进行分类，是一项无止境的任务。我们积累事实，对其加以讨论，但即便一行行文字写下来，一个个陈述做下来，人们总感觉不完整。加布里埃尔·达布西埃（Gabriel d'Arbousier）在对萨特的攻击中写道：

> 这部选集将安的列斯人、圭亚那人、塞内加尔人和马达加斯加人置于同一个立足点上，产生了令人遗憾的混乱。它用这种方式陈述海外国家的文化问题，这样就将这些问题从各海外国家的历史和现实、民族特性以及帝国剥削压迫强加于各海外国家的各种条件中分离出来。因此，当萨特写下，“仅仅通过进入记忆深处回忆曾经的奴隶身份，黑人就断言，苦难是人类的命运，并断言，由于这个缘故，那也是不应承受的”，他是否考虑过，这对于一个霍瓦人、一个摩尔人、一个图阿雷格人、一个颇尔人、一个刚果或象牙海岸的班图人意味着什么？[②]

这个反驳是有效的。这也适用于我的论述。起初，我

---

① Etiemble, "Sur le *Martinique* de M. Michel Cournot", *Temps Modernes* (Février, 1950), p. 1505.

② Gabriel d'Arbousier, "Une dangereuse mystification: la théorie de la négritude", *La Nouvelle Revue Critique* (Juin, 1949).

想将自己局限于安的列斯群岛。但是，无论结果如何，辩证法占了上风，我必须明白：安的列斯人首先是黑人。然而，不可忽略的事实是：有些黑人是比利时、法国和英国国籍；也存在着黑人共和国。当诸如此类的事实尚需人们认可时，一个人怎么能够声称自己掌握了一种本质？事实是：黑人种族已经散乱，再也无法声称自己是统一的了。当墨索里尼的军队入侵埃塞俄比亚时，有色人发起了一场团结运动。但是，没有一个黑人采取任何实际行动，尽管有一两架飞机从美国派往这个被入侵国。黑人有祖国，他的位置在一个联盟或联邦之中。每一个描述都应该放在分立现象的层面上，但是在这里，我们再一次被赶到了无限视角上。在黑人的普遍处境中，有一种模棱两可的东西，但在他的具体存在中，这种暧昧的东西又消解了。这在某种意义上将他与犹太人放在了相邻的位置。与我刚才引用的所有论点相对，我回到一个事实：*无论他走到哪里，黑人就是黑人。*

在某些国家，黑人已经走进了那里的文化。如我们已经表明的，白人孩子与黑人的现实建立联系的方式，怎么强调也不为过。譬如在美国，即便白人孩子不住在南方——在那里他自然会与黑人相遇——他们也会通过雷默斯大叔讲的神话接触到黑人（法国有与《汤姆叔叔的小屋》［*La Case de l'Oncle Tom*］相似的作品）。萨丽（Sally）和马尔斯·约翰（Marse John）的小男孩带着既恐惧又崇拜的复杂情感听布勒兔的故事。对于贝尔纳·沃尔夫（Bernar Wolfe）而言，白人的这种矛盾情绪，是美国白人心理的主导因素。沃尔夫基于乔尔·钱德勒·哈里斯（Joel Chandler Harris）的生平，甚至表示，这种崇拜与白人对黑人的某种认同相一致。很明显，这是所有这些故事要表达的。兔子与故事中几乎所有其他动物都发生了冲突，当然他总是赢家。这些故事属于种植园黑人的口述传统。因此，人们能相对轻松地在绝妙的讽刺和谨慎的兔子伪装中辨识出黑人。为了保护自己不受自己的无意识受虐狂困扰，这会驱使他们对（黑色）兔子的英勇产生狂热的崇拜，白人已经尝试将这些故事中可能的侵略性排挤出来。这就是他们何以能够告诉自己，“黑人使所有动物的行为看起来好像一种低等级的人类智力，也就是黑人自己能理解的那种等级。黑人当然觉得，自己与‘低等动物’的联系，要比与白人的联系更密切，白人在所有方面都高黑人一等”。另一些人则一本正经地提出理论，认为这些故事不是对强加于美国黑人的条件产生的反应，而仅仅是非洲的残存物。沃尔夫给了我们关于这种解释的线索：

> 依据所有的证据，布勒兔是一只动物，因为黑人必须是一种动物；这只兔子来自域外，因为黑人必须在染色体上打上外来者的烙印。自奴隶制开始，南方人作为奴隶主，就有一种身为基督徒和民主人士的愧

> 疚，这种愧疚感引导他将黑人描述为动物、不可改变的非洲人，其本性是由其“非洲”基因的原生质体所决定的。如果黑人发现自己被降级到尚未发展为人类的中间地带，那并不能归咎于美国人，而要归咎于其丛林祖先生理上的劣势。

因此，南方人拒绝看到黑人在这些故事中注入的侵略性。但是，沃尔夫称，故事汇编者哈里斯是个精神病患者：

> 他特别擅长这项工作，因为他内心充满了病态的种族主义强迫意念，达到了爆发的极限，超过了那些折磨着南方人且在较小程度上折磨着所有美国白人的执念……确实，对于哈里斯和其他许多美国白人而言，黑人似乎在各方面都与其自身焦虑的自我相反：镇定自若、善于交际、能说会道、肌肉放松、善于消遣、积极主动、体面内敛、身陷苦难从不自怜、热情洋溢……

但是哈里斯总有那种生理残缺感。因此，沃尔夫认为他是沮丧的——但并非基于经典模式：正是人的本质使他不可能以黑人那种“自然”的方式存在。并没有人阻止他以这种方式存在；他只是不可能以这种方式存在。不是被禁止，而是无法实现。正因为白人感到自己被黑人挫败，他才反过来要挫败黑人，其方式是用各种禁令束缚黑人。在这里，白人再一次沦为其无意识的受害者。让我们再来听听沃尔夫的说辞：

> 雷默斯的故事是南方矛盾心理的丰碑。哈里斯，这个典型的南方人，去寻找黑人之爱，并声称自己赢得了它（雷默斯的咧嘴笑）。[①] 但与此同时，他也在争取黑人之恨（布勒兔），他乐在其中，享受一种无意识的受虐狂欢——很可能是因为没能成为黑人、典型的黑人、非凡的“给予者”而对自己施加惩罚。有没有这样一种可能：南方白人，也许还有大多数的美国白人，在与黑人的关系中通常表现出同样的行为方式？

存在着一种对于黑人的探求，人们对黑人有需求，没有黑人就无法生存，人们需要黑人，但前提是让他在某种程度上变得可接受。不幸的是：黑人破坏了制度，破坏了条约。白人会奋起抵抗吗？不会，他会进行调节以适应形势。沃尔夫称，这个事实解释了为什么许多讨论种族问题的书籍都很畅销。[②]

> 当然没有人会被迫去读黑人和白人女性做爱的故事（《根深蒂固》《奇怪的果实》《雷默斯大叔》）、白

---

① 雷默斯大叔的角色由哈里斯所创造。这个温柔、忧郁的老奴隶总是咧着嘴笑，其形象是最典型的美国黑人形象之一。

② 参见近年来众多的黑人电影，但是所有的制片人都是白人。

人发现自己是黑人的故事（《王孙梦》《迷失的边界》《雷默斯大叔》）和白人被黑人勒死的故事（《土生子》《如果他喊叫，就让他叫》《雷默斯大叔》）……我们可以把黑人咧着嘴的笑容包装起来，在我们的流行文化市场上大规模出售，以此作为受虐狂的伪装：这种抚慰使猛烈的打击变得温和。正如《雷默斯大叔》所示，在这里，种族之间的相互作用在很大程度上是无意识的。当白人被刻板化的咧嘴笑所包含的微妙内容逗乐时，他意识不到自己有受虐狂倾向，正如当黑人将这种刻板印象转化为一种文化攻击时，也意识不到自己具有受虐狂倾向。也许，在这种意识上，白人比黑人更弱。①

如我们所见，在美国，黑人编造的故事有可能使自己消除其攻击性；白人的无意识为这种攻击性提供了辩护，并通过将其转向自身而赋予其价值，从而再现了受虐狂的经典模式。②

我们现在可以做个标记。对于大多数白人，黑人代表

① Bernard Wolfe, "L'oncle Rémus et son lapin", *Temps Modernes* (Mai, 1949), pp. 898 ff.

② 在美国，当一个人呼吁真正的黑人自由时，通常会被告知："那就是他们所等待的，去突袭我们的女性。"由于白人以一种无礼的态度对待黑人，他意识到，站在黑人的立场上，他是不会怜悯压迫者的。因此，看到他将自己与黑人密切地联系在一起，便不足为奇：白人"热爵士"管弦乐队、白人布鲁斯和灵魂歌手、写满怀怨气的黑人小说的白人作家、扮演黑人的白人。

（原始状态下）性本能。黑人是超越一切道德和禁忌的生殖能力的化身。白人当中的女性经由一个真正的引诱过程，不约而同地将黑人视为那道无形之门的守卫者，那道门通往纵情放荡、纵酒狂欢和谵妄的性欲领地……我们已经表明，现实会摧毁所有这些信念。但是，它们都停留在想象的层面上，不管怎样都是在谬误推理的层面上。将有害影响归因于黑人的白人，其智力水平正在退化，因为，如我们已证明的，他的认知是基于8岁的心理年龄（看漫画书的年龄）。是否同时存在一种朝着性发育的前生殖器阶段的倒退和固定？自我阉割（黑人被当作可怕的阴茎）？通过认可黑人性能力上的优越来进行自我辩护的被动性？很显然，提出这种种问题将会非常有趣。譬如，有一些人走进“房子”里，为的是给黑人揍一顿；也有一些非要找黑人伴侣的被动同性恋。

另外一种解决方案可能是这样：首先是对黑人的虐待性侵犯，接着，鉴于该国的民主文化对这种行为的制裁，因而产生了一种愧疚情结。这种侵犯被黑人忍受：受虐狂便由此而来。不过，有人会告知我，你的推理模式无效：它并不包含典型的受虐狂元素。确实，也许这种情况并不是典型的受虐狂。但不管怎样，这是解释白人受虐狂行为的唯一方式。

我想从一种启发式的、不强调真实性的视角，提出一种对这种幻想的解释：*一个黑人在强奸我*。我们从埃莱娜·德茨（Hélène Deutsch）[①] 和玛丽·波拿巴（Marie Bonaparte）[②] ——二者都吸纳了弗洛伊德关于女性性征的观点，并在某种程度上就此得出了自己的结论——的著作中了解到，一个女人交替地处于阴蒂、阴蒂—阴道，最后是纯粹阴道的性征阶段——将她的力比多或多或少地混杂和保留在一种被动的观念和侵略性中，并克服了她的双重俄狄浦斯情结——通过其生理和心理的成长继续发展，并通过神经精神整合，实现预设的角色扮演。然而，我们不能忽视某些整合失败或固恋的情形。

与阴蒂期对应的，是活跃的俄狄浦斯情结，尽管根据玛丽·波拿巴的研究，它并非单个序列，而是主动序列与被动序列的共存。女孩身上的性欲减退较之于男孩更不彻底。[③] 阴蒂被认为是缩小的阴茎，但是女孩会超越具体物，而仅仅执着于特性。她从定性的角度理解现实。有如在小男孩身上一样，在她身上也有一种指向母亲的冲动，她也想杀死母亲。

那么我们的问题是：在最终实现女性特质的同时，这种婴儿期的幻想是否已不复存在？“另外，如果一个女人对男人的粗暴游戏表现出太强烈的反感，这是男性抗议和

① Hélène Deutsch, *Psychology of Women*.

② Marie Bonaparte, “De la sexualité de la femme”, *Revue Française de Psychanalyse*, Avril-Juin, 1949.

③ *Ibid*.

过度双性恋的可疑迹象。这样一个女人可能处于阴蒂期。"[1] 以下是我自己对这个问题的看法。首先，小女孩看见一个同胞兼对手被具有侵略性性本能的父亲殴打。在这个阶段（5—9岁之间），父亲是她性欲的极点，她在潜意识中对父亲的侵略有需求，而父亲在某种意义上拒绝实施这种侵略。在这个时候，自由浮动的侵略性缺乏支撑，于是需要一种投注。由于女孩所处的年龄是孩子们开始沿着我们所知的路径了解民间传说及文化的年龄，黑人注定成了这种侵略性的受托人。如果继续深入这个迷宫，我们会发现，当一个女人生活在被黑人强奸的幻想中，从某种程度上来说，这是个人梦想、内在愿望的实现。我们可以在以下事实中找到明晰的证据：女性司空见惯地在性交过程中向另一方喊道："弄疼我！"她们只是在表达以下想法：弄疼我，就好像我如果在你的位置，就会把我弄疼一样。被黑人强奸的幻想，是这种情感的一种变体："我希望黑人能撕裂我，就好像我会把一个女人撕裂一样。"那些认同我们关于白人女性精神性欲的结论的人会问，我们如何评述有色人女性？我对她一无所知。不过，至少我能够证明，对安的列斯群岛的许多女人——我把这类女性称为"非白人不嫁型"——而言，攻击者的象征是塞内加尔人，或不管怎样也是（被认为的）低下者。

---

① Marie Bonaparte, "De la sexualité de la femme", p. 180.

黑人是生殖器。这是否代表故事的全部？很不幸，并非如此。黑人还代表其他事物。在这里，我们又发现了犹太人。他和我可能因为性的问题被区别对待，但是我们有一个共通点：我们俩都代表邪恶。黑人更甚，理由就是：他是黑色的。在法国，白色难道不是一直被归为正义、真理、纯洁的象征吗？我认识一个安的列斯人，他谈到另一个安的列斯人时说，“他的身体是黑色的，他的语言是黑色的，他的灵魂一定也是黑色的”。这种逻辑被白人付诸日常实践。黑人就是邪恶与丑陋的象征。

享利·巴拉克（Henri Baruk）在其近期一部关于精神病学的著作[①]中，描述了他所谓的反犹精神病。

> 我有个病人，满嘴疯话，其用语之粗鄙下流，超出了法语所能提供的语言表达，而且带有明显的鸡奸[②]暗示，他将内心的仇恨转移到替罪羊犹太人身上，呼吁对他们进行大屠杀。另一个病人，患有谵妄症，1940年的事件使他的精神错乱症状恶化。他抱有极其

① Henri Baruk, *Précis de psychiatrie* (Paris, Masson, 1950), p. 371.

② 请允许我发表一下即时评论，我无法证明马提尼克岛上公开存在同性恋。我们得这样想，这是因为安的列斯群岛上不存在俄狄浦斯情结。同性恋模式是众所周知的。然而，我们不应忽视所谓的“穿着像女人的男人”或者“教母”的存在。他们通常穿着衬衫和裙子。但是我确信他们过着正常的性生活。他们能像所有“硬汉”一样承受重击，而且他们也并非对女人——鱼贩和蔬菜商——的诱惑无动于衷。另一方面，在欧洲，我认识几个变成了同性恋的马提尼克人，他们常常是被动的。但这绝不是一种神经质的同性恋：于他们而言，这是一种谋生手段，就像拉皮条之于其他人一样。

强烈的反犹情绪，以至于有一天，他开始怀疑隔壁屋住着犹太人，于是夜间闯进他的房间将他杀害……

第三个病人体质羸弱，患有慢性结肠炎。糟糕的健康状况使他蒙羞，他最终将其归咎于“细菌注射”中的毒，这种注射是他之前住过的一家医院的男护士们给他做的——他说，这些护士是反对教权的共产主义者，他们因为他的天主教信仰和言论想要惩罚他。现在他住进了我们医院，不受“一群工会人员”的伤害，他感觉自己夹在“斯库拉”（Scylla）和“卡律布狄斯”（Charybdis）中间，因为他落在犹太人手里。依照定义，这个犹太人只能是窃贼、怪兽和坏事做尽的人。

面对这样一波侵略浪潮，这个犹太人将不得不表明立场。在这里出现了萨特描述的所有暧昧情形。《对犹太人问题的反思》中的某些篇章是我读过的最好的内容。说是最好的，是因为其中讨论的问题正中我们的下怀。①

① 我特别想到了下面这段文字：

就是这个饱受精神折磨的人，无可奈何地只能基于错误的问题，在错误的情况下做出自己的选择，被周遭社会的敌意剥夺了形而上的意识，被推向绝望的理性主义。他的生活不过是一次远离他者，也远离自己的漫长逃离。他甚至与自己的身体疏离；他的情感生活被一分为二；在一个受到排斥的世界里，他沦为那不可能实现的普世兄弟情谊的梦想追求者。这是谁的错？是我们的眼睛，向他反映了那个不可接受的形象，他自己则想要将其掩藏。是我们的言语和姿态——我们所有的言语和所有的姿态——我们的反犹主义，同样还有我们屈尊俯就的自由主义——毒害了他。是我们强迫他选择成为一个犹太人，不论是通过逃避（转下页）

犹太人，无论真假，都因自己被冠以的“坏蛋”称谓的重拳击倒。他处于这样的境地：他所做的一切必定都对他不利。因为理所当然地，犹太人更喜欢自己，碰巧，他忘记了自己的犹太性，或是将自己的犹太身份隐藏了起来。原因是：他那时已经承认了雅利安体系的有效性。存在着善与恶，而恶是犹太人。犹太人的一切都是丑陋的。我们不要再做犹太人了。我不再是犹太人。打倒犹太人。在这种情况下，他们是最具侵略性的。有如巴拉克的那个有迫害情结的病人，有一天，他看到佩戴着黄色星标的医生，于是抓着他衣服上的翻领叫喊：“先生，我是个法国人。”或者有如这个女人：“在我同事达代（Daday）博士的病房里查房，我遇上了一个犹太病人，她正遭到其他病患的奚落和侮辱。一位非犹太患者出头为她说话。犹太病人随即把矛头指向了那个为犹太人辩护的女人，并将所有反犹主义的恶意中伤全泼在她在身上，并要求除掉犹太女人。”①

这是关于反犹现象的一个很好的实例。为了反抗反犹

（接上页）自己，还是通过自我肯定；是我们逼迫他陷入犹太人的真实性或非真实性的窘境……这个物种比其他任何物种都更好地见证了基本的人性，因为它诞生于人类身体内的二次反应——这个人类的精粹，它蒙受耻辱，被人连根拔起，从一开始就注定了要么不真实，要么去殉道。在这种情况下，我们没有一个人不是绝对有罪的，我们甚至都是罪犯。纳粹迫害的犹太人的血，流在我们每个人的头上。（pp. 177 - 178.）

① Henri Baruk, *Précis de psychiatrie* (Paris, Masson, 1950), pp. 372 - 373.

主义，犹太人将自己变成了反犹分子。这是萨特在《缓刑》(*Le Sursis*) 中所表达的内容。书中，比南夏兹(Birnenschatz) 最后以一种近乎谵妄的强度演绎了他的拒绝。我们将看到，这个词用得并没有太过强烈。到巴黎的美国人看到如此多的白人女性有黑人陪伴左右，大为惊愕。在纽约，西蒙·德·波伏娃（Simone de Beauvoir）与理查德·赖特（Richard Wright）一同散步，当街被一名老妇指责。萨特说：在这里是犹太人，在其他地方则是黑人。本质上其实是替罪羊。巴拉克的话亦无不同："只有人们学会放弃替罪羊情结，仇恨情结才能得以释放。"

错误、内疚、拒绝内疚、偏执狂——我们回到了同性恋领域。总之，其他人在犹太人案例中所做的描述完全适用于黑人。①

善—恶、美—丑、白—黑：这些是这种现象特有的对立组合。如果利用迪德（Dide）和吉劳（Guiraud）的表达式，我们将称其为"摩尼教谵妄"②。

只看到一种黑人，以及将反犹主义同化为黑人恐惧症，这些似乎是此处分析所犯的错误。听我谈论这本书的

---

① 玛丽·波拿巴写道："反犹分子将自己的意愿投射在犹太人身上，将自己或多或少无意识的坏本能，通通归咎于犹太人……这样，他把它们（坏本能）堆积在犹太人的肩膀上，而使自己摆脱了，他因而在自己的眼中净化了自己，看见自己光明纯洁。就这样，犹太人堂而皇之地把自己借给了魔鬼的投影……美国的黑人也承担了同样的定位功能。"(*Mythes de guerre*, No. 1, p. 145)

② Maurice Dide et Paul Guiraud, *Psychiatrie du médecin praticien* (Paris, Masson, 1922), p. 164.

某个人问我，我对本书所期待的结果是什么。自从萨特最早在《状况Ⅱ》（*Situations Ⅱ*）发表其具有决定意义的著作《什么是文学?》（*Qu'estce que la littérature*）以来，文学越来越致力于其唯一的真正当代的任务，即劝导群体向反思与调解的方向进步：我希望，这本书会成为一面以进步为基准的镜子；在镜中，人们可能看出黑人正在走向去异化的道路。

当不再有"人的底线"（minimum humain）时，文化也不复存在了。于我而言，知道在班图人中"曼图（Muntu）意味着权力"，[①] 是无关紧要的——或者，如果不是某些细节令我退却的话，它至少可能会让我感兴趣。因为，当人们在其他文本中读到以下内容时，对班图的本体论思考又有何益：

> 1946年，75 000名黑人矿工罢工，国家警察动用步枪和刺刀大举镇压，迫使他们返回工作岗位，导致25人死亡，数千人受伤。
>
> 当时，斯马次（Smuts）是政府首脑与和平会议代表。在白人的农场上，黑人劳工过着近乎农奴般的生活。他们可以和自己的家人住在一起，但是未经主人许可，任何人都不得离开农场。一旦有人擅离，警察会接到通知，他将会被警方以武力形式带回，并受

① R. P. Tempels, *La philosophie bantoue*.

> 鞭刑之苦……
>
> 根据《土著行政管理法》，总督作为最高权威，对非洲人享有专制权。他可以发布公告，逮捕和拘押任何被认为对公共秩序造成危害的非洲人。他可以禁止任何土著居住区内10人以上的集会。非洲人不受《人身保护法》的庇护。无逮捕令的大规模逮捕时有发生。
>
> 南非的非白人处于绝望境地。现代奴隶制的一切模式，都使他们无法逃离这场灾祸。尤其就非洲人而言，白人社会粉碎了他们的旧世界，却没有给他们一个新世界。它摧毁了他们存在的传统部落基础，而且在封锁了他们过去的道路之后，又堵住了他们通往未来的道路……
>
> 南非种族隔离的目的，是要驱逐黑人，使其无法以一支自由独立的力量，参与现代历史进程。①

我很抱歉做了如此长篇幅的引用，但是，这使我得以指出黑人可能犯的某些错误。例如，阿利乌纳·迪奥普（Alioune Diop）在《班图哲学》（*La philosophie bantoue*）的引言中评论称，班图本体论对欧洲形而上学的困境一无所知。但他由此得出的推论却是危险的：

---

① I. R. Skine, "Apartheid en Afrique du Sud", *Temps Modernes* (Juillet, 1950).

> 这里产生的双重问题是要确定：具有先天才能的黑人，是否应该致力于培养那些构成其个性的要素，即那种充满青春活力的精神、那种对人与创造的内在尊重、那种生活的乐趣、那种和平的秩序——这种秩序不是通过道德上的净化强加于人，并对人造成折磨的毁损变形，而是与快乐而不失威严的生命相融洽的自然和谐……我们所能说的是：文化被设想为一种革命意志的观念，就像进步观念一样，与我们的先天才能背道而驰。只有当我们对生活——大自然的恩赐——不满时，进步才会困扰我们的意识。

小心！当班图人的生存处于非存在和无法衡量的水平上时，问题便不是在班图思想中寻找存在了。[①] 的确，班图哲学不会经由一种革命意志变得易于理解。但是，正是在那个程度上，班图社会成了一个封闭的社会，在其中剥削者不能替代力的本体论关系。如今我们清楚，班图社会已不复存在。关于种族隔离，也没有本体论意义。这些废话已经够了。

一段时间以来，人们总是在谈论黑人。谈得有点太多了。黑人希望人们放下对他的谈论，如此他可以重组其力量，黑人真正的力量。

有一天，他说："我的黑人性既非塔……"

---

① 参见如：Alan Paton，*Pleure*，*ô pays bien-aimé*.

然后有人出现了，来使他希腊化，把他塑造成俄尔甫斯……这个黑人在寻找普遍性。他在寻找普遍性！但是在1950年的6月，巴黎的旅馆却拒绝了黑人朝圣者租订房间的要求，为什么？只因为他们的盎格鲁-撒克逊顾客（他们富有，而且如大家所知，憎恨黑人）威胁着声称要退房。

黑人的目标是追求普遍性，但是在屏幕上，他的黑人本质，他的黑人“本性”原封不动：

> 总是当个仆人
> 总是低三下四满脸堆笑
> 我从未偷窃，从未说谎
> 永远操着皮钦语……

黑人在使自己普遍化，但是在巴黎的圣路易中学，有个黑人被赶了出来：他竟厚颜无耻地读了恩格斯。

在那里，有一个剧本，黑人知识分子正冒着陷入其剧情的危险。

什么？我还没有睁开被蒙住的双眼，就已经有人想来把我溺死在普遍性之中？那些他者们怎么办？那些没有发声的、没有代言人的人……我需要迷失在自己的黑人性中，去看看灾难、隔离、压迫、强奸、歧视和抵制。我们需要把手指放在每一个伤口上，它们斑驳了黑人的制服。

我们已经能够想象阿利乌纳·迪奥普在寻思，在普遍性的大合唱中，黑人的天赋才能将拥有何种地位。我相信，在目前的情况下，真正的文化是不可能产生的。当黑人重新获得他应有的地位时，我们将有足够的时间来讨论黑人的天才。

再一次，我又回到塞泽尔；我希望更多的黑人知识分子会转向他寻求灵感。我也必须对自己重申一次：“最重要的是，我的身体，以及我的灵魂，不允许自己摆出一副双臂交叉的姿势，就像个事不关己的旁观者，因为生命不是一场盛大的演出，因为悲伤之海不是一个舞台，因为大声呼喊的人不是一只跳舞的熊……”

继续评估现实，努力辨识符号具体化的瞬间，我很自然地发现自己站在荣格心理学的门槛上。欧洲文明的特点，是在荣格所谓的集体无意识之核心处，原型的在场：一种邪恶本能的表现，每个自我固有的黑暗的表现，未开化的野蛮人——那个睡在所有白人身体里的黑人——的表现。荣格声称，他在未开化民族当中，发现了其图示所描绘的同样的心理结构。我个人认为，荣格欺骗了自己。而且，他所知的每一个民族——无论是亚利桑那州的普韦布洛印第安人，还是英属东非的肯尼亚黑人——多多少少都有与白人接触时的创伤经历。我早前说过，在其萨拉文化[①]的过程中，安的列斯青年从来不是黑种人；我也曾试

① ［译注］萨拉文是乔治·迪阿梅尔塑造的一个角色，一个无用之人的原型：平庸之辈，一时冲动的造物，常常沦为自己妄想的牺牲品。

图表明这种现象对应的是什么。荣格认为集体无意识存在于遗传的大脑物质中。但是，我们无须求助于基因也能说明，集体无意识纯粹就是成见、谬见以及对一个特定群体的集体态度的汇总。举例来说，人们理所当然地认为，在以色列定居的犹太人，将在 100 年之内产生一种集体无意识，而这种集体无意识，将不同于 1945 年以前他们在被迫离开的那些国家中形成的集体无意识。

在哲学讨论的层面上，此处是提出关于本能与习惯的老问题的地方：本能，是与生俱来的（我们清楚要如何审视这种“先天性”），是不变的、具体的；习惯，是习得的。在这个层面上，我们只需证明荣格混淆了本能和习惯即可。事实上，在他看来，集体无意识与大脑结构紧密相连，神话和原型是种族的永久印迹。事实并非如此，集体无意识其实是文化的，这意味着，它是习得的。我希望我已经说清楚了这一点。正如一个喀尔巴阡的年轻登山者，在当地的物理化学环境下，可能会患上黏液性水肿一样，像勒内·马朗这样一个黑人——住在法国，浸淫于欧洲种族主义的神话和成见之中，吸收了欧洲的集体无意识——如果处在自身之外，将只能够表达他对黑人的恨意。人们必须轻柔地行动，必须一点一点地揭穿见诸整体的进程操作，在此过程中包含了一出完整的戏剧。这种说法好不好理解呢？*在欧洲，黑人象征着邪恶。*人们必须缓慢前行，我知道，这可不容易。施虐者是黑人，撒旦是黑人，人们谈论着阴影，如果一个人卑鄙肮脏，那他就是黑人——无论人们想到的是身体，还是道德上的肮脏。如果我们不嫌麻烦，将一些表达措辞都整合在一处，就会吃惊地看到，大量的表达将黑人与罪恶相等同。在欧洲，不管是具体还是象征性地，黑人都代表着卑劣一面的品质。如果不能理解这一事实，就注定要在“黑人问题”上兜圈子。黑色、黑暗、蒙昧、阴影、黑夜、暗道迷宫、不可测的深度，这些都抹黑了某个人的声誉；另一方面则是天真的明亮表情、和平的白鸽、神奇的天国之光。一个金发白肤的漂亮小孩——在这个表达中有着多少安宁、多少快乐，最重要的是：有着多少希望！一个漂亮的黑人小孩与之毫无可比之处：事实上，这样的事极其少有。同样，我也不想回到黑天使的故事上去。在欧洲，也就是说在所有文明和开化的国家，黑人是罪恶的象征。黑人是最低价值的典型代表。而且，正是这同样的矛盾，在德苏瓦伊（Desoille）的《白日梦》（*Rêve éveillé*）中也出现了。否则，人们要如何解释某些现象，譬如，代表卑鄙、低劣特质的无意识被填上了黑色？在德苏瓦伊的作品中，情况（不带任何双关语的修辞意义）更明了，它总是一个关于下降或上升的问题。当我下降，便看到了山洞、岩穴，野蛮人在那儿起舞。首先还是不要出错。譬如，在德苏瓦伊给我们描述的一段白日梦中，我们发现，一个山洞里有高卢人。但是必须指出，这些高卢人简单淳朴。一个洞穴里的高卢人，这就好像是一张全家福——也许来自“我们的祖先高卢人”。我认为，为了掌握某些心理现实，有必要重新做回孩子。正是在这里，体现了荣格的创新：他要回到这个世界的童年时代，但是他又犯了一个明显的错误：他回到的仅仅是欧洲的童年时代。

在欧洲无意识的最深处，已经形成了一个无比黑暗的空穴，其中潜藏着最无道德的冲动、最可耻的欲望。当每个人都朝着白色和光明的方向攀登时，欧洲人在努力否定这个试图保卫自己的、未开化的自我。当欧洲文明与黑人世界、与那些野蛮民族接触时，所有人都一致认同：那些黑人是罪恶的根源。

荣格始终如一地将异域事物与蒙昧和邪恶倾向相等同：他对极了。这种投射机制——或者说移情，如果你愿意——已被经典精神分析所描述。一旦我在自己身上发现了闻所未闻、应受谴责之事，就只有一个解决方法：摆脱它，将其起因归咎于他人。这样，我就消除了可能破坏自身平衡的短路。人们必须小心早期阶段的白日梦，因为，如果猥亵的言行出现得太早，就不好了。病人在与无意识接触之前，必须先了解升华的运作方式。如果黑人在第一阶段现身，他必须立即被清除出去；为达到这一目的，病人得到的建议是一个楼梯或一节绳子，或者让直升机把自己带走。确定无误的是：黑人将留在他的洞里。黑人在欧洲发挥着一种作用：象征更低级的情感、更卑贱的倾向和灵魂的阴暗面。在西方人的集体无意识中，黑人——或者是黑颜色，如果你愿意——象征邪恶、罪恶、不幸、死亡、战争、饥饿。所有猛禽都是黑色的。在马提尼克，其集体无意识使其成为一个欧洲国家，当一个“发青的”黑人——一个黑如煤炭的人——来访，人们立即反应道：“他带来了什么坏运气?”

集体无意识并不依赖大脑遗传；它是一种文化强加的结果，我将其称为“未经反省的文化强加”。因此，当一个接受醒梦疗法的安的列斯人，像个欧洲人一样再次体验同样的幻想时，我们就没有理由感到惊讶了。那是因为，安的列斯人与欧洲人分享了同样的集体无意识。

如果此前所做的论述已被理解，那就可以陈述以下结论：安的列斯人恐惧黑人，这是正常的。通过集体无意识，安的列斯人已经接受了所有属于欧洲人的原型。安的列斯黑人的阿尼玛几乎都是白人女性。同样，安的列斯人的阿尼姆斯也总是白人男性。这是因为在阿纳托尔·弗朗斯(Anatole France)、巴尔扎克（Balzac)、巴赞（Bazin）或任何其他“我们的”小说家的作品中，从来没有出现一个词语去形容一个优雅且一直在场的黑人女性，或一个目光熠熠的黑肤色阿波罗……但是我也感到愧疚，因为我在这里谈到了阿波罗！这无可救药：我是一个白人。因为，我在无意识中对自己身上黑色的东西，即我的整个存在产生了怀疑。

我是一个黑人——但我对此当然无所知，只因为我是个黑人。在家时，母亲给我唱法语情歌，歌里没有一个词与黑人相关。当我违逆时，当我制造太多声响时，我被告知“不要像个黑鬼一样”。

后来，我读了白人的书，渐渐地，我吸收了书中读到的、来自欧洲的偏见、神话和民间传说。但是，我并不会全盘接受这一切，因为某些偏见在安的列斯人当中并不适合。譬如，那里并不存在反犹主义，因为那里没有犹太人，或者说几乎没有。无须转向集体宣泄的概念，我很轻松便可以说明，黑人未加思索地把自己选为一个能够承担原罪重负的对象。白人选择黑人来执行这种功能，而白人化的黑人也选了自己。安的列斯黑人就是这种强制性文化的奴隶。他在做了白人的奴隶之后，又自己奴役了自己。无论从什么意义上说，黑人都是白人文明的受害者。安的列斯诗人的艺术创作毫无特质，也就不足为奇了：这些人已经白人化了。回到精神分析，我们还要指出，黑人活在一种非同寻常的神经质的暧昧中。20岁时——此时集体无意识多少已流失了一些，或者它至少抵抗被提升到意识层面——安的列斯人意识到自己生活在一个错误里。为什么会这样？很简单，只是因为——而且这很重要——安的列斯人意识到自己是黑人，但是经过一种伦理转换，他也感觉（集体无意识）到，他这个黑人，邪恶、草率、恶毒、受本能驱使。与这些黑人行为模式相反的一切，都是白人的。必须承认，这是安的列斯人当中黑人恐惧症的来源。在集体无意识中，黑色等于丑陋、罪恶、黑暗、道德败坏。换言之，他是邪恶的黑人。如果我像个有道德的人那样安排生活，那我根本不是个黑人。这就是为何马提尼克人习惯说，一个不成器的白人有“一颗黑人的灵魂”。肤色是无关紧要的事情，我甚至没有注意到它。我只知道一件事，那就是我必须有纯洁的良知和洁白的灵魂。“我像雪一般白，”这个他者说道。

在马提尼克岛，文化强加很轻易就能实现。伦理转换没有任何障碍。但是，真正的白人在等着我。一有可能，他就会告诉我，努力成为白人还不够，还必须获得一种白人的整体性。只有到那时，我才意识到了背叛。——让我们做出结论吧。安的列斯人被集体无意识、被他大部分的个人无意识和他个性化机制的实质整体性，塑造成了白人。他皮肤的颜色——荣格只字未提——是黑的。所有理解上的无力均源于这个大错。

塞泽尔在法国攻读文学专业学位时，“发现了他的懦弱”。他知道，那就是懦弱，但他永远也说不出为什么。他觉得那很可笑，很白痴，我甚至可以说那很病态。但是我们在他的作品中无法追踪这种懦弱的机制。这是因为，我们有必要打破现状，并试图通过一个孩子的心灵去理解现实。电车里的黑人既滑稽又丑陋。塞泽尔当然在嘲笑他。那是因为他自己和这个真正的黑人之间毫无共通之处。一位英俊的黑人被引荐给一群法国白人。如果这是一群知识分子，我们可以肯定，这个黑人将会努力坚持自己的主张。他会强调，大家的注意力应放在他的智力，而非他的肤色上。马提尼克岛上有很多人在二三十岁时，开始深入研读孟德斯鸠（Montesquieu）或克洛代尔（Claudel），唯一的目的是能够援引他们的论述。那是因为，通过对这些作家的了解，他们期望自己的肤色被人遗忘。

道德意识暗示着一种分裂，意识分裂成一个明亮部分和与之对立的黑暗部分。为了获得道德性，黑色、阴暗、黑人必须从无意识之中消失。因此，黑人永远都在与自己的形象作斗争。

如果我们用相似的方式认可埃斯纳尔先生关于道德生活的科学理念，如果我们要从“错误”和“犯罪”出发，来理解这个充满道德疾病的世界，那么，一个正常人，将是那种把自己从这种罪行中解脱出来的人，或是那种在任何情况下都设法不屈服于这种罪责的人。更直接地说，每个个体必须将其更卑贱的驱力、冲动归咎于一种邪恶基因，这是他所属文化的基因（我们已经看到这就是黑人）。这种集体罪行由传统上所谓的替罪羊来承担。现在，白人社会——建立在进步、文明、自由主义、教育、启蒙和文雅的神话基础之上——的替罪羊，恰恰是反对这些神话扩张和成功的力量。这种残酷的反对力量是由黑人提供的。

在安的列斯社会中，其神话与第戎或尼斯社会的神话相同，黑人青年认为自己拥有文明的力量，他们会让黑鬼成为其道德生活的替罪羊。

14 岁那年，我开始理解我现在被称为文化强加的意义。我有一个现已离世的熟人，他的父亲——一个意大利人——娶了马提尼克人为妻。这个人在法兰西堡住了二十余年，已被认为是安的列斯人，但是人们根本从没忘记他的出身。现在，从军事方面看，在法国，意大利人是受人鄙视的；一个法国人相当于十个意大利人；意大利人是胆小鬼……我的这位熟人出生于马提尼克岛，而且只与马提尼克人交往。蒙哥马利在班加西击败意大利军队的那一天，我想在我的地图上标出盟军的胜利。在评估行军前进的实质性进展时，我喜不自禁："我们真的把他们给杀了!"我的熟人意识到他父亲的意大利出身，感到极其难堪。在这件事情上，我也觉得同样尴尬。我们俩都是文化强加的受害者。我相信，任何一个理解这种现象及其后果的人，将会确定地知道应该朝哪个方面寻找解决方案。来听听塞泽尔笔下的叛逆者怎么说：

> 它正在上升……正从地底深处升起……黑色的潮水正在升起……喊声的浪潮……散发着动物气味的沼泽……赤脚踩踏出的狂怒风暴……还有悬崖小径聚起了更多的潮流，它们沿着峡谷两边往下奔腾，在那里，淫秽野蛮的急流注入混沌的河道，汇成堕落、痉

挛的海洋，沉浸在一片与刀子和劣酒相伴的笑声之中……

你明白没有？塞泽尔已经下来了。他准备好了，要到那最深处去探个究竟，现在他可以上来了。他已经准备好迎接黎明了。但是，他并没有把黑人留在下面。他举起黑人，放在自己的双肩之上，让他升上云霄。早前在《返乡笔记》中，他已经告知我们了。用加斯东·巴什拉(Gaston Bachelard)[1]的话来说，他所选择的，是上升的精神：

牙齿洁白的主啊，为了这，
颈脖脆弱的人们
接收并聚集了毁灭性的平静三角
为了我，我起舞
我的邪恶黑鬼之舞
为了我，我起舞
打破枷锁之舞
冲破牢狱之舞
这是美好、愉快、正当的黑人舞蹈
为了我，我起舞，让阳光在我手掌上跳动
不，我不再满足那个不公平的太阳

① *L'air et les songes* (Paris, Corti, 1943).

风儿，围绕我新的生长旋转吧
轻抚我张开的手指
我给你我的意识以及血肉之躯的韵律
我给你燃烧我的弱点的火焰
我给你囚徒的链锁
我给你沼泽
我给你三角形行程的观光局
吞噬风儿
我给你我的粗糙双唇
吞噬并旋转你自己
在一阵更猛烈的颤抖中，旋转着缠绕我
将我拥进我们的愤怒里
拥抱，拥抱我们
但也在咬噬我们
咬进我们被咬的血中之血里
拥抱，我的纯洁没有其他纽带，除了你的纯洁
但还是去拥抱
就像一片有节奏的木麻黄树
拥抱夜晚
我们有色的纯洁
绑缚，绑缚我，不留悔恨
用你强大的臂膀，将我绑缚在发光的黏土上

将我黑色的震颤绑缚在世界的

肚脐上

绑缚，将我绑缚在苦楚的兄弟情谊中

然后，用你那星星做成的套索将我扼杀

上升，白鸽

上升

上升

上升

我追随你，你被印在我祖先的

白色眼角膜上

天空的饕餮者升起

还有巨大的黑色洞孔，我想将自己淹没其中

另一个月亮

在那里，我现在想从它静止的光面上

把黑夜的邪恶之舌拉出！①

人们可以理解，萨特为什么会认为，黑人诗人采取马克思主义立场是其黑人身份合乎逻辑的结论。事实就是如此。当我开始意识到黑人象征着罪恶时，我发现自己竟憎恨着黑人。但是，接下来我又意识到，我就是个黑人。有两条路可以走出这种矛盾。要么，我要求别人忽略我的肤

---

① Aimé Césaire, *Cahier d'un retour au pays natal* (Paris, Présence Africaine, 1956), pp. 94 - 96.

色，要么，我想让他们意识到我的黑色皮肤。然后，我试图为邪恶的事物寻找价值——因为我未加思索地就承认了，黑皮肤是邪恶的颜色。为了终止这种神经质状态——在此状态下，我被迫选择一种不健康的、矛盾的解决方案，简言之，就是从幻想、敌意和非人性中攫取能量——我只有一个解决办法：从别人围绕我筹划的荒唐戏剧中超脱出来，拒绝这两个都令人无法接受的条件，并且通过某一个人向外伸展，达到普遍性。当黑人下潜——即沉没——时，某些不同寻常的事发生了。

再来听听塞泽尔怎么说：

> 嗬嗬
> 他们的权力极其稳固
> 既被强化
> 也被需要
> 我的双手忙碌在红木树沼泽里
> 明亮的欧石楠中
> 我的葫芦沐浴星光，沉甸甸
> 但是我很虚弱。哦，我很虚弱。
> 帮帮我。
> 在这里，我在变形的边缘
> 两眼摸黑，被水浸没
> 对自己感到害怕，惊恐

对诸神感到害怕……你不是神。我是自由的。

叛逆者：20年来，我与今晚有个约定

我听见它在轻柔地呼唤我……[①]

塞泽尔再次发现了那个夜晚，即发现其身份感，他首先认识到：

把树干下端刷成白色毫无用处，树皮的力量在涂料底下大声呼喊……

接下来，他让自己身上的那个白人暴露出来，旋即就将他杀了：

我们把门撞开。主人的房门大开。房间里灯火通明，主人就在那里，极其镇静……我们停下……他是主人……我进了房间。"是你，"他平静地对我说……是我。的确是我，我告诉他，那个善良、忠实、卑屈的奴隶，突然，他的眼睛变成了雨天里两只受惊的蟑螂……我打下去，鲜血直流：这是我今天记得的唯一的洗礼。[②]

在一场意想不到的有益的内部革命之后，现在，他向自己那恶心的丑陋致敬。[③]

---

① *Et les chiens se taisaient*, tragédie, sur *Les Armes Miraculeuses* (Paris, Gallimard, 1946), pp. 144 et 122.

② Aimé Césaire, op. cit., p. 136.

③ *Ibid.*, p. 65.

还有什么需要补充的呢？在把自己逼近自我毁灭的极限之后，黑人就要跳进一个“黑洞”，无论是有意为之，还是情急之下冲动为之。从那黑洞之中将会传来：“伟大的黑人用力呼喊，那力量大得将摇撼世界的支柱。”

欧洲人知道，但也不知道。在反思的层面上，黑人就是黑人；但是在无意识层面，却有着黑鬼—野蛮人的极为固定的形象。我可以举出的例子不只是十几个，而是上千个。乔治·穆南（Georges Mounin）在《非洲存在》（*Présence Africaine*）期刊上发文称：“在社会学课程的阅读中，我有幸没有在列维-布留尔（Lévy-Bruhl）的《原始思维》（*Mentalité Primitive*）中发现黑人；从更广泛的意义上说，我有幸通过书本以外的方式发现了黑人——我每天都对此心存感激……”①

穆南——不可能将其视作一个普通的法国人——还做了补充，而且因此依我看来，达到了难以估量的高水准：“在我的头脑尚未怀有偏见的年纪，我得知黑人像我们一样是人类，我也许在这种学习中获益匪浅……作为白人的我，也许就这样得到了一直与黑人自然相处的可能性——而且绝不会在他面前愚蠢而又不可察觉地陷入人种志研究者的态度，他们的态度仍然是那种令我们无法忍受的将他们安放在自己位置上的态度……”

① Premières réponses à l'enquête sur le “Mythe du nègre”, *Présence Africaine*, No. 2.

在同一期《非洲存在》，埃米尔·德曼汉（Émile Dermenghem）——不能指责他患有黑人恐惧症——写道："我有一段儿时记忆，是去参观1900年的世界博览会。在那期间，我最热切期待的，是看到黑人。我的想象自然受我的阅读所激发：《十五岁的船长》（*Capitaine de quinze ans*）、《罗伯特历险记》（*Les Aventures de Robert*）、《利文斯通游记》（*Les Voyages de Livingstone*）。"

德曼汉告诉我们，这是他对异国风情的审美表现。尽管我可能做好了准备，把自己的双手放在他的手中，去相信写下这篇文章的这个德曼汉，但我还是请求他允许我对那个参加1900年世博会的德曼汉表示怀疑。

如果我只是重拾人们枯燥地讨论了五十年的旧话题，那我一定要生自己的气。书写黑人友情的可能性，是一项无私之举，但不幸的是：黑人恐惧症患者及其趣味相投者，全然不受无私精神的影响。当我们读到，"黑人是野蛮人，领导野蛮人只有一个方法：踢他屁股"，我们坐在自己的凳子上，可能会想"所有这类蠢话都得逐渐消失"。然而，所有人还是同意这类说法。再一次引用《非洲存在》（第五期）中的文章，雅克·霍莱特（Jacques Howlett）写道：

> 另外，似乎有两件事助长了他者世界对黑人的反感，这是我无法理解的：他的肤色和他的赤裸，因为在我的想象中，黑人是裸体的。当然，外观因素（尽

> 管人们不能确定，它们在何种程度上在我们的新理念以及变异观念中作祟）有时可能会掩盖那个遥远的、几乎不存在的黑色和裸体的生物；有如那个戴着红军塔布什帽子，总是挂着菲南代尔式咧嘴笑容——某种巧克力糖果的标志——的善良黑人；或者有如那个勇敢的塞内加尔步兵，"一个屈服于命令的奴隶"，一个失去荣誉的堂吉诃德，一个出胎于"帝国史诗"的"好样的英雄"；又或者有如那个"等待救赎"的黑人，一个蓄着胡须的传教士的"顺从的孩子"。

雅克·霍莱特更进一步告诉我们，作为一种回应，他把黑人变成天真的象征。他向我们解释了原因，但是我们必须记住，黑人不再是8岁小孩，因为作者说到了"对于性行为的邪恶意识"，也说到了"唯我论"。然而我深信，就"一个成年男人的天真"而言，雅克·霍莱特已将其远远地抛在身后了。

毫无疑问，最有趣的证据来自米歇尔·所罗门(Michel Salomon)。尽管极力为自己辩护，他依旧散发着种族主义的臭味。他是犹太人，有一种"千年来的反犹主义经验"，但他还是个种族主义者。来听听："但是，要说黑人的皮肤、毛发和他身上散发的那种肉欲的气味，这些纯粹的事实并没有引起某种尴尬（无论这尴尬是吸引人的还是令人厌恶的），那是在以荒谬的假正经之名，去否认事实，这种行为从未解决任何问题……”稍后他就走向了极端，向我们阐述“黑人的惊人生命力”。

我们从所罗门先生的研究课题可知，他是一名医生。他应该警惕那些无科学依据的文学观点。日本人和中国人的多育程度较黑人高出10倍，这是否使他们变得充满肉欲？另外，所罗门先生，我要向你说明一件事：一直以来，在听到一个男人谈论另一个男人“他是如此色情！”时，我都无法感到不厌恶。我不知道一个男人的色情是什么。想象一下，一个女人说另一人女人：“她是如此性感——她是个可人儿……”所罗门先生，这个黑人可没有通过自己的皮肤或毛发释放色情的气味。事实只是：那个生物的—性的—色情的—生殖的—黑鬼形象，经年累月地将自身强加于你，而你不知如何去摆脱。眼睛不仅仅是一面镜子，而且是一面矫正的镜子。那只眼睛应该让我们可能去纠正文化错误。我说的并不是普通的双眼，而是那只眼睛，关于它所指为何，也并不神秘；它指的不是头骨的裂隙，而是从梵高的红色颜料中涌出的、始终如一的光，这光亮从柴可夫斯基的协奏曲中流淌出来，与席勒的《欢乐颂》（*Ode à la joie*）紧紧相扣，还在塞泽尔的诗篇中，那些蠕虫般的怯懦者的喊叫声中自行传播。

黑人问题，并没有自我分解为生活在白人当中的黑人的问题，而是成为被殖民主义者以及碰巧是白人的资本主义社会所剥削、奴役和鄙视的黑人的问题。所罗门先生，你想知道“如果法国有80万黑人”你会怎么做；因为对你而言这会出现一个问题：黑人增多的问题，黑人威胁的问题。马提尼克人是法国人，他想继续作为法国联盟的一员，其所求不过一件事情而已，即希望那些白痴和剥削者给他机会，能够活得像人一样。我能想象自己迷失、淹没在萨特或阿拉贡这些人形成的白人洪流中，我所要的不过如此。所罗门先生，你说，谨慎不会有什么收获，我同意你的观点。但是，我并不觉得我应该抛弃自己的个性，随便娶个只要是欧洲人的女人为妻；我可以告诉你，我不会去做那“愚蠢的交易”。如果我的孩子被人怀疑，如果他们指甲上的月牙被人怀疑，那只是由于社会没有改变，因为正如你所言，社会将保持它的神话原封不动。就我而言，我拒绝从非此即彼的立场上考量这个问题……

所有这些关于黑色人种、黑人民族的话题，是在谈论什么呢？我是一个法国人。我对法国文化、法国文明和法国人民很感兴趣。我们不接受自己被视为“外来者”，我们全面参与了这出法国戏剧。当那些本质上不坏、只是受到蒙骗的人，为了征服而入侵法国时，我作为一名法国人的身份让我明白，我的位置不在局外，恰恰正在问题的中心。我个人对于法国的未来、价值和法国民族深感关切。我与黑人帝国有何关系呢？

乔治·穆南、德曼汉、霍莱特、所罗门都试图寻找关于黑人神话起源问题的答案。他们都已经让我们相信了一件事。那就是：只有破坏文化的结晶，才能真正地理解黑人的现实。

最近，我在一份儿童报刊上读到附于一幅照片上的说明文字："这是我的祖先烧煮你们祖先用的那口锅。"照片上一个黑人童子军正在向三四个白人童子军介绍一个黑人村庄。人们会轻易地承认，不再有黑人食人族了，但是我们不该允许自己忘记……然而，我又相当严肃地认为，那些说明文字的作者，不知不觉中为黑人做出了真正的贡献。因为读到它的白人儿童将不会在脑中形成一幅黑人吃白人的图画，反而会浮现已经吃过了的画面。毫无疑问，这是进步。

在结束本章之前，我对一项案例研究做了提炼，为此，我要感谢圣伊利精神病院妇科主任医师提供的资料。这个案例阐明了我在这里所辩护的观点。它证明，在极端的情况下，黑人的神话、黑人的观念，能够成为真正异化的决定性因素。

B女士3月份进医院时19岁。她的入院记录写着：在下面签名的P医生，以前就职于巴黎医院，他核证，自己已经为B女士做过检查。B患有神经疾病，症状包括周期性躁动、身体动作失衡、抽搐和痉挛。这些症状是有意识的，但患者无法控制，而且越发严重，已经妨碍正常的社交生活。依据1838年关于自愿承诺的法律条款，她必须承诺接受观察。

24 小时后，主任医师了解到以下事实："10 岁时患上的神经过敏性抽搐，在青春期开始加重，并在她离家工作后进一步恶化。间歇性抑郁与焦虑，并伴有以上这些症状的反复发作。肥胖。要求治疗。有人陪伴时感到心安。被分配在开放式病区。应继续住院治疗。"

其直系亲属无病理表现史。16 岁进入青春期。体格检查显示，除肥胖倾向和轻微内分泌不足导致的最低程度的表皮病征，并无异常。女性生理期正常。

经过一次问诊，医生分离出以下细节："尤其在我工作时，就会发生抽搐。"（病人从事的工作使其必须离家在外。）

抽搐对眼睛和前额产生影响；会气喘并喊叫。睡眠良好，未发噩梦，食欲佳。月经期间无不适。上床睡觉时，脸部抽搐持续直到入睡。

病房护士的观察："当她独处时情况更糟。在她与别人交谈，或者仅仅和别人在一起时，病症则不明显。抽搐的发生取决于她当时在做什么。发作时，她先拍打双脚，然后继续对称地抬起双脚、双腿、胳膊和肩膀。"

她会发出一些声音，但无法明白她在说什么。这种病征最后以极其大声、含糊的喊叫结束。一旦有人和她说话，以上症状就会停止。

主治的精神病医生决定用醒梦疗法。初步问诊显示，患者出现可怕的圆圈形状的幻觉，之后患者被要求对这些圆圈进行描述。以下是第一次对话的记录摘抄：

这些圆圈是有纵深的同心圆，随着一只黑人手鼓的节奏，时而扩大，时而缩小。这只手鼓使患者想到失去父母，尤其是母亲的危险。

接着，我让她在这些圆圈上画十字，但是它们并没有消失。我告诉她用一块布把它们擦掉，圆圈消失了。

她转向手鼓方向，被一些可怕的跳着舞的、半裸的男男女女团团围住。我告诉她不要害怕参加舞会。她照做了。舞者的样貌立即发生了变化。舞会很棒。男男女女们穿戴齐整，跳着一曲华尔兹，曲名《雪之星》(*Etoile des Neiges*)。

我让她离圆圈再近一些；她再也看不见它们了。我让她想着这些圆圈；它们出现了，但是变得不完整。我告诉她从缺口处走进去。“我不再被团团包围，”她不由自主地说，“我可以再出来。”圆圈裂成两段，进而裂成数段。很快只剩两段，接着消失不见了。她说话时，不时地伴随喉部与眼部抽搐。

连续进行这样的治疗将缓解动作障碍。

以下是另一次会话记录：

我让她回忆那些圆圈。起初她看不见它们；随后圆圈出现了。这些圆圈并不完整。她进入圆圈内部。它们散开、升起，然后轻轻地，一个接一个消失在空虚中。我叫她去听手鼓。她没有听见。她向它呼喊，然后在左边听到了。

我向她暗示，有一个天使会陪她一起走向手鼓。她想独自前往。但是，有个人从天上下来。是一个天使。他微笑着，带她一起走到手鼓近旁。那里只有黑人绕着一个大火堆起舞，看起来很是邪恶。天使问她，他们要干什么；她答道，他们要火烧一个白人。她四处找他，也没有见到他的身影。

“啊，我看到他！他是个50岁左右的白人，被扒去了一半衣衫。”

天使开始与黑人酋长谈判（因为她害怕）。黑人酋长说，这个白人不是来自他们国家，所以他们要烧死他。不过他并没有做什么错事。

他们放了他，回去继续满心欢喜地跳舞。她拒绝加入舞蹈。

我让她去找酋长交谈。他正跳着独舞。白人已经不见了。她想离开，似乎并不渴望去了解这些黑人。她想和她的天使一起离开，到一个她真正觉得如家一般自在的地方，和她的母亲、兄弟、姐妹在一起。

当抽搐停止时，治疗也停下了。数天之后，医生再次

会见病人，因为她又复发了。此次会话记录如下：

那些圆圈越来越近。她用一根棍子击打它们。圆圈裂成碎片。那棍子是一根魔杖，把这些铁屑变得闪亮、美丽。

她转向一个火堆。火堆旁围绕着跳舞的黑人。她想去认识酋长，于是靠近他。

一个原本停止舞动的黑人又开始跳起来，但是踩着新的韵律节奏。她围着火堆跳起来，任黑人执着她的双手。

这些会话治疗明显改善了她的病情。她给父母写信，接受探望，也去观看医院里放映的电影，还参加团体游戏。现在，当其他一些病患在娱乐室用钢琴演奏华尔兹舞曲时，她会邀请其他人共舞。她在病人当中很受欢迎和尊重。

我从另一次会话记录中援引了以下段落：

她又开始想那些圆圈。每个圆圈都被破坏了，变成一小块，在其右侧少了某些东西。较小的圆圈完好无损。她想打破它们，把它们拿在手里，折弯它们，接着它们就断了。不过，还留存着一个。她穿过它。在圆圈的另一边，她发现自己身处黑暗之中。但她并不害怕。她呼叫某个人，于是她的守护天使下来，带着友好的微笑。他领着她向右走，回到日光下。

在这个案例中，醒梦疗法产生了明显的疗效。但是，一旦病人再次独处，抽搐随即重又发生。

我不想详细阐述这种神经官能症的基础结构。这位精神科主任医师提出的问题，引起一种对想象中的黑人的恐惧——12 岁时第一次经历的一种恐惧。

我与该病患谈了很多。

在她 10 岁或 12 岁的时候，她的父亲，一个“殖民机构的老前辈”，喜欢收听黑人音乐节目。每天晚上，手鼓声回荡在他们家中，直到她上床之后很久仍在回响。此外，正如我们已经指出的，就是在这个年龄，野蛮的—吃人的—黑人出现了。

这种联系极易辨识。

此外，兄弟姐妹发现了她的弱点，于是吓唬她以取乐。

她躺在床上，听着手鼓的声音，几乎看到了黑人。她躲进被子里，浑身颤抖。

于是，越来越小的圆圈出现了，使黑人变得模糊难辨。

我们很容易就能将这些圆圈识别成一块抗幻觉症防御机制的土壤。

后来，圆圈出现时没有了黑人——防御机制占据支配地位，而不再参考是什么导致这一机制的产生。

我同她的母亲有过交谈，她证实了病人的话。这个女孩极其情绪化，12岁时，常看见她在床上发抖。我在病房的出现，并未明显地影响她的精神状态。

到目前为止，只有那些圆圈让她产生了动作上的反应：大声叫喊、脸部抽搐、胡乱挥动的手势。

即便人们在这里部分归咎于她的体质，但是很明显，她的精神错乱源自对黑人的惧怕，一种因特定环境而加剧的恐惧。病人已经有了极大进步，尽管如此，她是否能够快速回归社会，恢复正常生活，这依然难以预测。

第七章

黑人与承认

A. 黑人和阿德勒

无论从哪个方面分析精神异常的状况，人们很快会发现，自己面对着如下现象：神经官能症及其所有症状呈现的完整画面，会在某些终极目标的影响下显现，甚至是作为这个目标的投射。因此，人们可以将形成性原因的特性，归因于这个最终目标，即定向原则、排列原则、协调原则的特性。试着去理解一下非正常临床表现的“意义”和方向，你们将会立刻面临一个混乱的人群——他们有不同的癖好、冲动欲望、缺点和异常行为，必然会叫一部分人丧气，又必定会在另一些人身上激发鲁莽的、要不惜代价刺穿那阴影的决心，哪怕冒着最终一无所获、抑或是所得终成虚幻的危险。另一方面，若一个人接受终极目标或因果目的性的假设，他会看到阴影立刻消散，我们可以像阅读一本书一样，去阅读病人的心灵。[①]

一般而言，我们这个时代最惊人的骗局，都是基于类似的理论立场建构起来的。就让我们把阿德勒的个体心理学应用到安的列斯人身上吧。

黑人是比较的对象。这是第一个事实。他是比较的对象，也就是说，他们总是专注于自我评价和理想的自我。每当他们与人接触，就会出现有关价值、功绩的问题。安的列斯人没有自身内在的价值，他们总是依赖于大他者的存在。问题永远是：他是不是没有我聪明；是不是比我黑，是不是不如我体面。自己的所有立场，为获得安全感付出的所有努力，都建立在依赖关系的基础上，伴随着他者价值上的减损。正是围绕于周身的碎屑残片，为我的男子气概提供了根据。

我想建议读到这本书的马提尼克人做一个实验：找出法兰西堡最具"比较性"的街道。舍尔歇街、维克多·雨果街——当然不会是弗朗索瓦·阿拉果街。同意做这个实验的马提尼克人，会与我持有同样的观点，这正是因为他能客观地审视赤裸的自己。一位安的列斯人在阔别五六年后偶然第一次遇见熟人，打招呼时会带着攻击性。这是因为，在过去的时间里，两人有了各自固定的地位。现在，

---

① Alfred Adler, *Le tempérament nerveux*, p. 12.（原文为"Der nervöse charakter"，载于 *Festschrift William Stern*, Leipzig, Barth, 1931）.

身处低位者认为自己拥有更多价值……而高位者则决定遵循原有的等级制度。

“你一点都没变……还是和以前一样蠢。”

我认识一些内科医生和牙医，他们还在把 15 年前形成的错误判断，继续往自己脑袋里塞。这与其说是概念上的错误，不如说是用于痛批危险者的“克里奥尔主义”。他被一劳永逸地安放在自己的位置上，永不再移位，对此不再有所作为。安的列斯人的特点是：渴望控制他者。他们的方位线连续地贯穿着他者。这总是一个关于主体的问题；人们甚至从未想到过客体。我试图在他者的眼中读出钦佩的表达，如果偏巧他们的眼神对我表示厌恶，我会发现那面镜子是有瑕疵的：毫无疑问，那个他者是个傻瓜。我不想赤身裸体地暴露在客体的目光之下。那个客体被否定了个性与自由。他是个工具。这应该能让我实现自己的主体安全性。我认为自己是完满的（对完满的希望），不承认任何分裂。他者走上舞台，只是为了装点它。我才是主角。鼓掌也好，嘘声也罢，对我而言都无关紧要，我是人们关注的中心。如果他者带着获取价值（他的假想）的希望，意图让我不安，我并不会审判他，只是将他放逐，他便不复存在了。我不想听到那家伙的消息。我不愿体验客体对我产生的影响。与客体接触，意味着冲突。我是那耳喀索斯（Narcissus），我想从他者的眼中看见令我愉悦的映象。因此，人们在马提尼克岛上任何特定的群体（环境）中，发现了处于顶端的人、环绕他的阿谀奉承者、中间者（等待着日子变得更好）和失败者。其中，最后一个阶层的人被无情地屠杀了。人们可以想象丛林中的水深火热。那里没有任何出路。

我，除了我，别无他物。

马提尼克人极度渴求安全。他们想迫使他者接受自己的假象，希望自己在追求男子气概的过程中得到认可。他们想出人头地。他们每一个人都是孤立、无趣、突出的原子，拥有明确的通行权，每一个人都是。每个人都想存在、都想显现。安的列斯人做的每一件事，都是为了他者。这并非如阿德勒描述的那样，[①] 是因为在人际交流的意义上，他者是其行动的最终目标，而是因为，从更为原初的意义上而言，在其寻求自我肯定的过程中，正是这个他者证实了自己。

既然我们已经标明了安的列斯人的阿德勒方向线，那我们的任务就是追溯其源头。

困难就始于此处。实际上，阿德勒创造了个体心理学。我们刚刚已经看到，自卑感是安的列斯人的特点。并非只有某一个安的列斯人表现出神经质，这种症状体现在所有安的列斯人身上。安的列斯岛上的社会是个神经质社会，一个"比较"的社会。这就驱使我们从个人转而讨论

---

① Alfred Adler, *Connaissance de l'Homme*.

社会结构。若说哪里有污点，那它并不存在于个体的“灵魂”中，而是存在于环境的“灵魂”中。

马提尼克人是神经官能症患者，但又不是。如果我们严格应用阿德勒学派的结论，应该说，黑人是为其在历史上感受到的自卑寻求抗议。因为，在历史上的各个时期，黑人总是低人一等，他们试图用一种优越情结进行回应。这正是布拉施费尔德（Brachfeld）的书中所描述的。在谈论种族自卑感时，布拉施费尔德援引了安德烈·德·克拉拉门特（André de Claramunte）创作的西班牙戏剧《弗朗德勒的英勇黑人》（*El valiente negro de Flandres*）。该剧清楚地表明，黑人的自卑并非始于本世纪（20世纪），因为克拉拉门特和洛普·德·韦加（Lope de Vega）是同时代人。

> 若非因为缺少皮肤的颜色
> 他本应当是位血统高贵的绅士

黑人胡安·德·梅里达（Juan de Mérida）这样说道：

> 在世界上做黑人
> 多么耻辱！
> 黑人难道不是
> 人？
> 这难道会令他们的灵魂更加卑微，

更加愚钝，更加丑陋？

因着这个原因，他们招来了轻蔑的

称呼

我起身，背负着我的肤色的

羞耻

我让世界知晓我的勇气……

身为黑人，是否如此卑鄙？

可怜的胡安再也无法确定应该乞求哪位圣人。通常而言，黑人是奴隶。他的态度却没有奴性：

虽然我是黑人

但我并非奴仆。

尽管如此，他还是想逃离他的黑肤色。他活在这个世上，享有道德地位。从价值论的角度看，他是个白人：

我比雪还要白。

因为，毕竟，在象征层面，

黑人到底是什么？

是长着黑色皮肤吗？

因着这暴行，我要谴责

命运、

我的时代、天堂

以及所有使我成为黑人的人！

哦，肤色的诅咒！

在孤独中，胡安明白，愿望无法拯救自己。其外表破坏了所有行动，使之无效：

灵魂有何意义？

我已然疯癫。

绝望之外，我还能有何作为？

天啊，身为黑人

多么可怕。

可怜的黑人痛苦到极点时，只剩一个解决办法：向他人，尤其是向自己证明，自己是白人。

即使无法改变肤色，

我也想碰碰运气。①

可见，我们必须从过度补偿的角度，来理解胡安·德·梅里达。正是因为黑人属于“下等”种族，他才试图要像上等种族一样。

但是，我们有办法摆脱阿德勒式的“水蛭”。在美国，德·曼（De Man）和伊斯特曼（Eastman）有些滥用阿德勒的方法。我注意到的所有事实都是真实的，但是，它们

① 由笔者译自西班牙文。

与阿德勒心理学只有表面上的联系，这一点本来无须指出。马提尼克人不会将自己与被视为父亲、领袖、神灵的白人相比较；他以白人的模式为参照，将自己与同胞相比。阿德勒式的比较可以用以下图式进行表达：

自我大于他者。

但是，安的列斯人的比较则如下：

$$\frac{\text{白人}}{\text{自我不同于他者}}$$

阿德勒式的比较包含两个术语，这种比较被自我极化了。

安的列斯人的比较被第三个术语所超越：其支配性的幻想并非个人性的，而是社会性的。

马提尼克人是钉在十字架上的人。塑造他（但他并没有相应地对其塑造）的环境，残忍地将他拉扯撕裂；他却用自己的血液和精髓滋养了这个文化环境。如今，黑人的血是专家们珍视的养料。

假如我是阿德勒学派的追随者，在确认我的朋友实现了希望变成白人——亦即变成人——的梦想后，我会向他说明，他的神经官能症、精神不稳定和自我的破裂，都源自这种支配性的幻想。我还会告诉他：“马诺尼先生已经成功地描述了马达加斯加人的此类现象。听着：我认为你只能乖乖地待在分配给你的地方。”

当然不！我决不会这样说！我会告诉他：“环境和社会都要对你的错觉负责。”如此一来，其余的便会自行尾随，我们也明白那是什么。

当然，是世界的终点。

我有时怀疑，学校督学和政府官员是否清楚自己在殖民地扮演的角色。20年来，他们为各项计划倾注一切努力，旨在使黑人变成白人。最终，他们放弃了他，并告诉他：“你对白人有一种无可争辩的依赖情结。”

B. 黑人和黑格尔

> 自我意识自在和自为地存在着，因为，它是为另一种自我意识而存在的；也就是说，只有被承认，自我意识才存在。[①]

人只有将自己的存在强加于另外一人，以得到另外一人的认可时，他才成为人。只要他没有得到他者的认可，那个他者将依旧是他行动的主题。他自身的人类价值和现实性所依赖的，正是那另一个存在及其认可。他的生命意义就凝结在另一个存在中。

① Hegel, *Phénoménologie de l'esprit*, trad. Hippolyte, p. 155.

白人与黑人之间并没有公开的冲突。

一天，白人主子在未发生冲突的情况下承认了黑人奴隶。

但是，这位从前的奴隶想使自己获得认可。

在黑格尔辩证法的基础上，有一种绝对的相互作用，必须加以强调。

正是在超越了自己直接存在的程度上，我才理解，他者的存在是一种自然的而且不止于自然的现实。如果我关闭这种相互作用的回路，如果我阻断这种双向的运动，那就是把他者保留在其自身之中。最终，我甚至剥夺了他的自为存在。

打破这个使我回到自我的恶性循环的唯一办法，是通过调解和承认，恢复他者的人的实存，而这种人的实存不同于自然现实。他者也必须执行相同的操作。“单方面的行动是无用的，因为将要发生的事情只有通过双方的行动才能实现……”；“他们在双方相互承认对方时承认自己”。[①]

直接的自我意识，仅仅是为了自我而存在。为了赢得自我的确定性，必须吸纳承认的概念。同样，他者也在等待我们的承认，以便发展成普遍的自我意识。每一个自我意识都在追求绝对。它想要被认可为与生命无关的原始价值，被认可为一种从主观确定性到客观真理的转化。

---

① Hegel, *Phénoménologie de l'esprit*, p. 157

当自我意识遭遇他者的反抗时，它就会体验到渴望——通往精神尊严之路的第一里程碑。自我意识接受其生命之危险，最终威胁到他者的物质存在。“只有冒着生命危险才能获得自由；唯有如此才能检验并证明，自我意识的本质不是赤裸的存在，不是其最初出现时的单纯的直接形式，不是生命延续中的单纯的吸收。”①

因此，自在自为的人的实存，只有通过斗争以及斗争中蕴含的风险才能达成。这种风险意味着：我超越生命走向至善，即自身价值的主观确定性转化为普遍有效的客观真理。

我一旦有了欲望，就开始要求被人尊重。我不只是封闭在物性之中的此时此地。我为着的，还有其他地方和其他事情。我要求人们注意我在追求生命以外之事时的否定性行动；我确实在为创造一个人类世界——一个相互承认的世界——而战斗。

不愿认可我的人会反对我。在狂怒的斗争中，我愿意接受死亡的痉挛、不可战胜的瓦解，但是，那也是不可能的可能性。②

---

① Hegel，*Phénoménologie de l'esprit*，p. 159.

② 开始写这本书时，我想专辟一个章节来研究黑人的死亡欲望。我认为这是必要的，因为，人们总是在说黑人从不自杀。

阿希尔在一次讲座中毫不犹豫地坚持了这一点，理查德·赖特在他创作的一则故事中，借一个白人角色之口说：“如果我是个黑人，我会杀了自己……”意思是说，只有黑人才会屈服于这种待遇而不产生自杀的念头。 （转下页）

然而，他者也可能无须经过斗争便承认我：

> 个体没有以自己的生命作为赌注去拼搏，他无疑可以作为一个人而得到承认，但是，他并没有作为独立的自我意识，去获得这种承认的事实。①

从历史上看，浸淫在奴役之中的、毫无重要性的黑人，被他的主人解放了。他没有为自己的自由而斗争。

脱离奴隶制度的黑人，闯进了主子们所在的竞技场。就像那些每年获准在客厅跳一次舞的仆人一样，黑人也在寻找支持。黑人没有变成主人。没有了奴隶，也就不再有主人。

黑人是获准摆出主人姿态的奴隶。

白人是允许他的奴隶同桌吃饭的主人。

一天，一位好心又颇有影响力的白人主子对他的朋友们说：

"我们对黑人要友好一点……"

其他白人主子争论起来，因为，这毕竟不是一件简单

(接上页) 在那之后，M. 德塞 (M. Deshaies) 把自杀问题作为自己学位论文的选题来探讨。他证明了延施 (Jaensch) 的研究多数言不符实，后者将分裂性人格"类型"(蓝眼睛，白皮肤) 与统合性人格"类型"(棕色眼睛，棕色皮肤) 进行了对比。

根据涂尔干 (Durkheim) 的观点，从来没有犹太人自杀过。现在轮到黑人了。好极了："底特律市立医院发现，16.6%的自杀案例是黑人，而黑人在总人口中的占比只有 7.6%。在辛辛那提，黑人自杀的数量是白人的两倍以上；这一定程度上可能是由于黑人自杀者的巨大性别差异：358 名女性比 76 名男性。"(Gabriel Deshaies, *Psychologie du suicide*, n. 23)

① Hegel, *op. cit.*, p. 159.

的事。但是后来，他们还是决定把机器—牲口级别的人提升到人这一最高等级。

在法国的土地上，奴隶制将不复存在。

这场巨变是从外部抵达黑人的。黑人是被作用的对象。那些并非经由他的行动而创造的价值，那些并非经由他的血脉收缩而产生的价值，在他的周身跳起多彩旋转的舞蹈。这场动荡并未使黑人有所不同。他们从一种生活方式转向另一种生活方式，但并没有从一种生命转向另一种生命。就好像有人告诉病情得到极大改善的病人，说他再过几天就能出院了，这位病人随即旧病复发，宣布黑奴解放的消息同样也引发了精神病和猝死。

这种消息，人们在一生中不会听闻两次。黑人满足于向白人表达感谢，对此事实最强有力的证据，是遍布于法国和殖民地的数量惊人的雕像，它们展示着法国白人抚摸着黑人卷发的情景，这个黑人模样讨人喜欢，他的枷锁才刚被打破。

“对这位好心的先生说谢谢。”母亲对幼小的儿子说……但我们知道，小男孩总是想着大声喊几句别的话，更加响亮的话……

作为主子[①]的白人对黑人说：

---

① 我希望我已经说明了，这里所提的主人与黑格尔所称的主人之间存在着根本差异。黑格尔认为主人与奴隶之间存在着相互作用；在这里，主人对奴隶的意识发出嘲笑。他想从奴隶那里得到的不是认可，而是工作。 （转下页）

“从现在起，你自由了。”

但是黑人对自由的代价一无所知，因为他没有为自由斗争过。他时常为自由和正义而战，但那些一直都是白人的自由和白人的正义；也就是说，是由他的主子们生出的价值观。从前的奴隶，在其记忆中找不到为自由而战斗的痕迹，也找不到克尔凯郭尔（Kierkegaard）所讲的自由的痛苦，他们无动于衷地坐在年轻白人面前，看他在生存的钢丝上载歌载舞。

有时，黑人确实会恶狠狠地看着白人，这时白人告诉他："兄弟，我们之间没有区别。"然而，黑人知道存在着差异。他想要这种差异。他想要白人转而攻击他，对他叫喊："该死的黑鬼。"然后，他就有了那个稀罕的机会——去"让他们瞧瞧……"

但最通常的情况是：什么也不会发生——除了无动于衷，或是家长式的好奇。

这位从前的奴隶需要挑战自己的人性，他想要一场冲突、一场暴乱。但是为时已晚：法国黑人注定要撕咬自己，并且仅仅是撕咬自己。我之所以说"法国黑人"，是因为美国黑人被投放在另一场不同的戏剧之中。在美国，黑人

（接上页）同样，这里的奴隶，也绝不能等同于使自己迷失在客体中并在自己的工作中找寻解放之源的奴隶。黑人想要像主人一样。

因此，他并不如黑格尔的奴隶那么独立。

在黑格尔那里，奴隶转身背离主人，而朝向了客体。

在这里，奴隶转向主人，并放弃了客体。

在斗争，也被斗争。有些法律依据宪法逐渐失效。还有一些法律禁止某些形式的歧视。我们可以确定的是：没有天上掉馅饼的好事。

有战争，就有失败、休战与胜利。

“1 200 万黑人的声音”对着天空的帷幕怒吼。天幕像一只爆裂的气球落下，从一端到另一端被撕裂开来，留下深深的牙印痕迹，咬进那封锁着的肚腩。

在厮杀的战场上，四个角落留下几十个睾丸被吊起的黑人，一座期许着庄严的历史丰碑正在慢慢建成。

在这座丰碑的顶部，我已经能够看见一个白人和一个黑人手拉着手。

对于法国黑人而言，这种情况令人难以忍受。由于无法确定，白人是否会将他看作自在自为的意识，他必须永远专注于发现抵抗、反对和质疑。

这是穆尼埃在其献给非洲的那本书的某些段落中所表达的观点。[①] 他在非洲结识的黑人青年试图保持他异性。决裂、冲突、战斗的他异性。

费希特（Fichte）说，自我通过与自身的对立，而占据自己的位置。我既同意也反对。

我在引言中说过，人是一个肯定的存在。我永不会停止重申这一点。

---

① Emmanuel Mounier, *L'éveil de l'Afrique noire* (Paris, Éditions du Seuil, 1948).

肯定生命，肯定爱。肯定慷慨的气度。

但是，人也是一个否定的存在。否定对人的嘲笑。否定人的堕落。否定对人的残酷剥削。否定对人类最具人性的东西——自由进行残害。

人的行为不仅仅是反应性的。反应中总会有怨恨。尼采在《权力意志》（*La Volonté de Puissance*）一书中已指出了这一点。

教育人要具有能动性，在其所有关系中保持对构成人类世界之基本价值的尊重，这是他——一个经过思考、准备行动的人——的首要任务。

第八章

总结

19世纪的社会革命不能从过去，而只能从未来汲取自己的诗情。它在破除一切对过去的迷信以前，是不能开始实现自己的任务的。从前的革命需要回忆过去的世界历史事件，为的是向自己隐瞒自己的内容。19世纪的革命一定要让死人去埋葬死人，为的是自己能弄清自己的内容。从前是辞藻胜于内容，现在是内容胜于辞藻。①

——卡尔·马克思，《路易·波拿巴的雾月十八日》

我已经能够看到所有那些人的面容，他们会要求我就这一点或那一点做出明确的说明，会谴责这种或那种行为方式。

很明显——而且我将永远乐此不疲地重复这一点——

① [译注] 译文出自《路易·波拿巴的雾月十八日》，《马克思恩格斯选集》（第2版，第1卷），第579—689页。

一位生于瓜德罗普岛的医学博士对于去异化的求索，只能通过识别他的动机来理解，而这种动机与在阿比让建设港口设施的黑人的动机有根本区别。在第一种情况下，异化具有一种近乎智识性的特点。由于他设想欧洲文化是一种使其脱离自己种族的手段，所以他异化了。在第二种情况下，这是一个制度的受害者问题，这个制度赖以建立的基础，是一个特定种族被另一个种族剥削，人类的一个特定分支被一种假装优越的文明所蔑视。

我没有天真到相信，诉诸理性或尊重人性尊严就能改变现实的地步。对于那些在勒罗贝尔[①]蔗糖种植园劳作的黑人而言，只有一个解决方案：去战斗。他将开始这场战斗，并追求这场战斗，这并不是一种马克思主义或理想主义分析的结果，而只是很简单地因为，他只能在对抗剥削、穷困和饥饿的战斗形式中，才能构想生命。

我永远不会要求这些黑人改变他们的历史观。然而我确信，即使在不自知的情况下，他们也和我持有同样的观点。他们习惯了从现在的角度说话和思考。我在巴黎认识的为数不多的几个工薪阶层，他们自己从来不提发现黑人历史的问题。他们知道自己是黑人，但是，他们告知我，这对任何事情都没有影响。

他们无疑是正确的。

---

① 位于马提尼克岛的社区。

在这方面，我想谈谈我在许多其他作家那里的发现：知识异化是中产阶级社会的产物。我所谓的中产阶级社会，是任何一个在预先决定的形式中变得僵化的社会，这些社会形式禁止一切前进、一切发展、一切进步、一切发现。我把中产阶级社会称作“封闭的社会”。在这种社会中，生活没有滋味、空气受到污染、观念与人陷于腐化。我认为，一个敢于反对这种僵死状态的人，在某种意义上是个革命者。

发现15世纪黑人文明的存在，并未授予我人性的专利。过去无论怎样也无法在当下给予我指引。

到目前为止很清楚，我所研究的情形并不是典型的情况。我无法在自己的研究中实现科学的客观性，因为那些异化者、那些神经官能症患者是我的兄弟姊妹，是我的父辈。我一直在努力向黑人表明：在某种意义上，他使自己变得异常了；我也一直在努力向白人表明：他既是作恶者，又是妄想症的受害者。

有时，黑人被封锁在自己的身体内。如今，“对于一个已经意识到自我和自己躯体的、已经实现主体与客体辩证的人而言，身体不再是产生意识结构的原因，它已经成为意识的对象”①。

---

① Maurice Merleau-Ponty, *Phénoménologie de la perception* (Paris, Gallimard, 1945), p. 277.

黑人作为奴隶无论多么真实，都是既往的奴隶。但我毕竟是个人，从这个意义上讲，伯罗奔尼撒战争和指南针的发明一样归属于我。与白人面对面时，黑人有一段过去需要合法化，有一场复仇需要实施；与黑人面对面时，当代的白人认为有必要回忆起食人的年代。几年前，海外法国学生联盟里昂支部请求我撰文回应一篇文章。在这篇文章中，爵士乐成了食人习俗对现代社会的入侵。我清楚地知道自己在做什么，我否定了这次请求所基于的前提，并建议这位欧洲纯洁性的捍卫者治好自己没文化的毛病。有些人就想用自己的存在来充斥这个世界。一位德国哲学家将这种机制描述为*自由病理学*。在这种情况下，我无须表明立场，代表黑人音乐反对白人音乐，相反，我必须帮助自己的兄弟摆脱不健康的态度。

这里考虑的是时间问题。那些拒绝被封印在物化的过去之塔中的黑人和白人，将摆脱异化。对于其他许多黑人而言，他们否定当下具有无可置疑的确定性，他们将以另外的方式实现去异化。

我是一个人，我必须夺回的，是世界的整个过往。我并不单单只对圣多明各起义负有责任。

每当一个人为精神尊严的胜利做出贡献时，每当一个人对征服其同胞的企图说“不”时，我都感到自己与他的行动是团结一致的。

我决不应从有色人的过去获取自己的基本使命。

我决不应让自己致力于一个未能公平地得到承认的黑人文明的复兴。我不会让自己成为过去的人。我不想以牺牲自己的现在和未来为代价，来颂扬过去。

印度支那人之所以造反，不是因为他发现了自己的文化，而是因为，“很简单地”，他不止在一个方面被压迫得无法呼吸。当回想起普通军士们讲的，1938 年在越南的那些故事，他们所描述的那块土地上的货币皮阿斯特和人力车、廉价的男童和女人时，人们便非常能理解越盟士兵投身战斗时所携带的狂怒。

我在二战期间服役时结识的一位战友，最近从印度支那回来。他在许多事情上启发了我。比如，十六七岁的越南青年面临行刑队时的平静。“有一次，”他告诉我，“我们必须以跪姿射击，士兵的手在那些年轻的‘狂热分子’面前颤抖”。总结时他补充道：“和外面发生的事情相比，你我历经的这场战争不过是场游戏。”

从欧洲的角度来看，这些事情是难以理解的。有那么一些人谈到了所谓亚洲人对死亡的态度。但是这些“地窖”哲学家无法说服任何人。不久前，这种亚洲式的平静，也表现在韦科尔（Vercors）的“土匪”和抵抗运动的“恐怖分子”身上。

那些在行刑队面前死去的越南人，不希望他们的牺牲带来的是对过去的重现。他们愿意死去，正是为了现在和未来。

如果我曾经遇到了与既定过往休戚相关的问题，那么这问题的出现也只是因为，我对自己和友邻承诺，为了地球上再不会有人被征服，我要穷尽毕生精力去斗争。决定我行为方式的，并不是黑人世界。我的黑皮肤并非特定价值的包装。很久以前，那让康德屏息的头顶的星空，就向我们揭示了它的终极秘密。而道德律法对自身也并不确定。

作为一个人，我要面对毁灭的可能性，以便让两三个真理在这个世界上散发永恒的光辉。

萨特已经证明，过去在一种不可靠的立场线路上大量“通行”，并且，当过去被牢固地建构起来时，它便弥漫在个体身上。在一种被改变了的价值观中，他成了过去。但是，我也能夺回我的过去，证实它，或是通过自己的连续选择来谴责它。

黑人希望像白人一样。对于黑人而言，只有一种命运，就是变成白人。很久以前，黑人承认了白人无可辩驳的优越地位，其所有努力，都旨在实现白人的存在。

难道，除了为17世纪的黑人报仇以外，我在这世上就没有其他目标了吗?

在这个已然试图隐没的世界里，我是否应该提出黑人真相的问题?

我是否不得不局限于为一种表面的一致性作辩解?

作为有色人，我无权去探寻自己的种族在哪些方面优于或低于另一个种族。

作为有色人，我无权希望在白人身上会有一种明确的、对黑人种族的过去的愧疚感。

作为有色人，我无权寻求各种方法去压制我从前的主人的骄傲。

我既没有权利也没有义务，为我的祖先们所经历的归化要求赔偿。

并不存在黑人的使命；也不存在白人的负担。

我突然发现自己身处一个邪恶的世界；一个召唤我加入战斗的世界；一个永远有关毁灭或胜利的世界。

我发现自己——我，一个人——身处一个言语总是在沉默中的世界；一个他者无休止地自我硬化的冷漠的世界。

不，我没有权利对着白人大声抱怨我的仇恨。我也没有义务向白人低语我的感激。

我的生命纠缠在生存的套索中。我的自由让我回归自我。不，我没有权利做一个黑人。

我没有义务成为这个或那个……

如果白人质疑我的人性，我将把自己作为一个人的全部重量强加在他的生命之上，向他表明，我不是那个他想象中的说皮钦语的人。

我突然发现自己活在这个世界上，而且意识到自己只有一种权利：即向他者要求人类行为的权利。

我也只有一种义务：即不选择放弃自由的义务。

我不想成为黑人世界之骗局的受害者。

我的生命不该只用于绘制黑人价值观的资产负债表。

并不存在白人的世界，不存在白人的伦理，也不存在白人的智慧。

存在着的，是在世界各个角落里上下求索的人。

我不是历史的囚犯，不该在历史里寻求自己宿命的意义。

我应该不断提醒自己，真正的飞跃，在于将创造变为实在。

在我游历其间的这个世界里，我在不断创造自己。

我是存在的一部分，在此程度上我也超越了存在。

我们通过一个私人问题，看到了战斗问题的轮廓。被置放于这个世界之中，处于一种情境之下，“上了船”，帕斯卡尔会这么说，我是否要去收集武器？

我是否要让当代的白人对 17 世纪的运奴船负责？

我是否要想方设法让他们心中萌生罪恶感？

面对沉重的过往而遭受道德的痛苦？我是黑人，数以吨计的锁链，风暴般的打击，长河般的痰液顺着我的肩膀淌下。

但是，我无权让自己陷入这些苦难而无法动弹。我无权让最微小的碎片留驻于我的存在中。我无权让自己陷入由过往所决定的困境中。

我不是那个令我的祖先失去人性的奴隶制下的奴隶。

对于许多有色人知识分子而言，欧洲文化具有一种外在性。此外，在人际关系方面，黑人可能感到自己是西方世界的陌生人。如果不想过着穷亲戚、弃子或私生子的生活，他是否要狂热地寻求发现一个黑人文明？

让人们清晰地了解我们。我相信，能够接触到公元前3世纪的黑人文学或建筑，会是最有意思的事情。如果知道一些黑人哲学家与柏拉图有频繁的书信往来，我应该会非常高兴。但我完全不能明白，这一事实怎么可能改变在马提尼克岛或瓜德罗普甘蔗地里劳作的8岁儿童的生活。

不应试图将人包裹、束缚起来，因为他注定要被释放而获得自由。

历史并不能决定我的任何一个行动。

我就是自己的根基。

通过超越历史的、工具的假设，我将开始自己的自由循环。

有色人的灾难，在于他曾被奴役的事实。

白人的灾难及其无人性，在于他曾在某处实施杀戮的事实。

直到今天，这些灾难和无人性仍然存在，它们仍在理性地谋划这种非人性化。但是作为有色人，在我的绝对存在变成可能的意义上，我无权把自己锁在一个追溯赔偿的世界里。

我，有色人，只有如下唯一的希望：

工具永不会控制人。人对人的奴役，即一个人对另一个人的奴役，永远终止。我有可能去发现一个人，并去爱他，无论他在何地。

黑人是一种否定性存在。与白人一样。[①]

双方都必须背对来自各自祖先的非人的声音，使真正的沟通得以可能。在自由能够发出积极的声音之前，它要求人们朝着去异化做出努力。人在其生命之初总是凝固的，溺于偶发事件之中。人的悲剧在于，他曾是个孩子。

正是通过努力重获自我、审视自我，通过人的自由的持久张力，人才能为人类世界创造出理想的生存条件。

优等？劣等？

为什么不简单地尝试去接触他者、感受他者、向自己说明他者呢？

我的自由不正是先被赐予了我，而后为的是建设你的世界吗？

在这项研究结束时，我想让世界同我一起，去承认每一个敞开的意识之门。

我最终的祈祷：

噢，我的身躯，让我永远做一个敢于发问的人！

---

① ［译注］原文为“Le nègre n'est pas. Pas plus que le Blanc.”从语法上看，两个碎片化的残句相结合应是一个完整的表达，意为：黑人与白人并无不同，也可理解为：黑人不过是白人。法农突然于句中插入句点，是其玩弄的一个文字游戏，用意可能是为了突出黑人是一种否定性存在之意，以此颠覆“黑人不过是白人”所包含的意义。